クダン狩り

予言獣の影を追いかけて

東 雅夫[編著]
HIGASHI Masao

白澤社

クダン狩り——予言獣の影を追いかけて◉目次

クダン狩り――予言獣の影を追いかけて◉目次

第一部　クダン狩り

第二部　クダン文学傑作選

第三部　クダン対談

カバー・本扉画＝箕輪千絵子「何も言わなかった」（銅版画）

第一部　クダン狩り

第一章　すべての怪談は〝不幸の手紙〟から始まる！

怪談をめぐるフィクションとノンフィクションの問題を考えるとき、格好のマクラとなりそうな作品が、小松左京にある。「牛の首」（一九六五年二月発表）と題するショートショートで、概略こんな話だ。

語り手の〈私〉を前にして、S氏とT氏が次のような会話を交わす。

「こわい話もずいぶんきいたけど、一番すごいのは〈牛の首〉の話だ」

「あれは本当にすごい。それに後味が悪い」

「もう、あの話だけはよそう」

その話を知らない私が、ぜひ聞かせてくれと頼むと、両人は急に青ざめ、鳥肌を立てて言い渋ったあげく、「この話をきいた者には必ずよくないことが起こると言われている」「思い出すのもいやだ」と言って、あくまでも拒絶する。

私は怪談好きの友人や作家に、片っぱしから〈牛の首〉という話を知っているか尋ねる。すると多くの者が「知っている」と答え、「怪談として最高によくできている」「あんな恐ろしい話はきいたことがない」と言いながら、一様にその内容を明かすことを拒む。

躍起になった私は、とうとう友人たちから〈牛の首〉と仇名されるまでになるが、ついに話の出所を突きとめる。ミステリーの老大家O先生が、中央アジアのサマルカンドで採集して伝えた話だというのだ。私がO先生のもとへ押しかけ、話を聞かせてくれというと、Oは恐怖と狼狽の表情を浮かべ、「今日は用事で出かけるから、明日の午後来たまえ」と言う。翌日訪ねると、Oは外国へ旅立った後だった……。

続く一段は原文をそのまま引用しよう。

あまりのことに、呆然として帰途についた時、私は突然血も凍るような戦慄におそわれた。――今こそ、私には〝牛の首〟がどんな話かわかった。それは題名と、非常に恐ろしい話だということだけわかっていて、その内容は、誰も知らないのだ――みんないっていた。あんなものすごい話は、きいたことがない、と……。

題名とその恐ろしさだけがつたわっていて、誰もきいたことのない怪談――誰一人、どんな話か知らないのに、その恐怖だけが、まだ生きている怪談――私は、体が小きざみにふるえ出すのを感じた。

後日、某ＴＶディレクターに〈牛の首〉について尋ねられた私は、青ざめた顔で答える。「知ってるとも。あんな恐ろしい話はきいたことがない」……。

●――〈友人の友人〉から聞いた話

この短い物語には、たんなる逆転の発想の面白さを超えて、妙にヒヤリと胸に残るものがある。おそらくそれは、この作品が、噂話や都市伝説としての怪談の構造を巧みに利用しつつ、同時に、その本質を示唆する寓話たりえているからではなかろうか。

ある怪談話のルーツをさかのぼってゆくと、しばしば都市民俗学のタームでいうところの〈フォウフ〉（FRIEND OF A FRIEND の略）に突き当たる。つまり「これは友人の友人から聞いた話だけど……」というおなじみの前置きである。一見、信憑性があるように見えて、実は限りなく曖昧でとらえどころのないフォウフの連鎖をたぐった先には、またしても新たなフォウフが顔を覗かせるだけで、話の起点となる〈事実〉は、多くの場合、いつまでさかのぼっても見えてはこないのである。

だとするならば、巷間《こうかん》に実話として流通している怪談話も、その大部分が口承による虚構の産物ということになる。もちろん、ある怪談が発生する本源には、何がしかの真実なり事件があるのだろうが、その実態は「牛の首」さながら、ついに明かされることはなく、〈話に尾ひれがつく〉というときの尾ひれの部分こそが、実質的には、その話の本体であるかもしれないのだ。

怪談が人の口から口へと伝わってゆく過程で、省略されたり付け足されたりして、さまざまなヴァリエーションを生んでゆく、その変幻きわまりない無限増殖の過程そのものが、あるいは怪談の本質であるのかもしれないのである（その意味で「牛の首」の語り手自身が、周囲から〈牛の首〉と呼ばれるようになる展開は、実に暗示的だ）。

●——先祖が犯した代々の悪業

ところで「牛の首」には後日談がある。

といってもそれは、私自身が勝手にそう呼んでいるだけなのだが、小松左京は「牛の首」発表から二年後に、実際に〈牛の首〉にまつわる怪談を書いているのである。

といえば、あるいはピンとくる向きがあるやもしれない。小松左京の、というよりも、現代日本における怪談小説の白眉として、夙《つと》に名高い傑作「くだんのはは」（一九六八年一月発表）のことだ。

あまりにも有名な作品なので、要約するのも気がひけるのだが、かいつまんで述べると、舞台は阪神間の芦屋市。第二次大戦末期の空襲で家を焼かれた主人公の少年は、旧知の家政婦のはからいで、とある芦屋の豪邸に寄寓することになる。その家には、中年の女主人とその娘、それに家政婦の三人しか住んでおらず、病身だという娘は母親以外の前に姿を現したことがない。夜ごと聞こえる少女の啜り泣き。戦争の行く末を知っているかのような主婦の言動。娘の部屋から日に三度、運び出される血と膿にまみれた包帯……。

屋敷の女主人は少年に、先祖が犯した代々の悪業が〈劫《ごう》〉という守り神となってこの家に来た、と語る。やがて主婦の予言どおり日本は戦争に負け、その混乱のさなか、少年は娘の部屋を覗いてしまう。そこにいたのは、赤い振袖を着た牛――十三、四歳の少女の身体に牛の顔を持ち、人間の声で啜り泣きをもらす異形のものだった。

娘は、凶事の前兆として生まれ、その異変に関する一切を予言して死ぬという伝説の獣〈くだん〉だったのだ。主婦は少年に、一切を黙っていてくれと念を押す。でないと、少年の一家にも、やがて不幸が起こるというのだ。

これだけでも充分に恐ろしく忌まわしい怪談であるのだが、作者は結末で、さらに恐怖のダメ押しをする。ここは原文をお読みいただこう。

だがあれから二十二年たった今、僕はあえてこの話を公けにする。そうする事によって、僕

「くだんのはは」原作／小松左京　絵／石ノ森章太郎　© 石森プロ

「それがくだんだったのだ。くだんは件と書く。人牛を一つにしてくだんと読ませるのだ。」（小松左京「くだんのはは」より）

はこれを読んだ人々から件《くだん》についての知識を、少しでもいいから、得たいのだ。誰か件についてくわしい事を知らないだろうか？　あのドロドロした食物は一体何だか知っている人はいないだろうか？　件を見たものは件をうむようになると言うのは本当だろうか？――僕は切羽つまってこの話を発表する。今度始めて生まれた僕の長女に、角があったのだ！――これもやはり、大異変の前兆だろうか？

●――神戸に流布する〈牛女〉怪談

実をいうと私は、長らくこの作品を、小松左京のオリジナルであると信じて疑わなかった。〈件〉の伝説に基づく作品には、内田百閒に「件」（一九二一年一月発表）というやはり非常に有名な短篇があるので、おそらくはその影響下に、〈くだんのはは＝九段の母〉という卓抜な語呂合わせから、この戦中奇談が発想されたのだろうと漠然と考えていたのである。

それだけに、ある怪談実話集によって、「くだんのはは」の舞台である神戸一帯に、女身牛頭の〈牛女〉にまつわる怪談が流布していることを教えられたときの衝撃は大きかった。

その怪談実話集とは、木原浩勝と中山市朗の共編による『新・耳・袋』（一九九〇年九月刊）。怪談通のあいだでは名著の誉れ高い、現代版百物語集である。〈牛女〉をめぐる風聞は、第十二章の「くだんに関する四つの話」に収録されている。

同書にいわく――。

西宮の甲山《かぶとやま》（芦屋とは目と鼻の距離という）で、中学教師が、赤い着物を着て口から血を滴らせた牛頭の女を目撃した。

甲山付近にあった祠（妖怪を封じた伝説がある）が空襲で焼失した際、焼跡で着物姿の牛女が目撃された。

芦屋・西宮間が空襲で壊滅する前、座敷牢に牛頭の娘が閉じ込められた屋敷があり、その焼跡に娘の着物を着た牛女が現われた。

六甲山の裏手に、丑三つ時になると母子の幽霊が出る神社があり〈丑女＝うしおんな〉と呼ばれている。……

正直いって、読んだ当初は半信半疑だった。「くだんのはは」のルーツとして、あまりにも出来過ぎた話ばかりだったからである。悪く勘ぐれば、小松作品から逆に捏造された〈創作実話〉である可能性もあると（実際、巷間に流布している実話怪談集のなかには、フィクション・ノンフィクションを問わず、既成の怪談本からネタを継ぎ接《は》ぎしただけの粗悪品も多い）、箱根から西へは滅多に出かけたこともなく（その当時）、おまけに根っからの善人とはいいがたい私など、ついつい余計な憶測をめぐらせてしまったものだ。

しかしながら、こうした疑惑は、それから数年を経て、常光徹の『学校の怪談』（一九九三年二月刊／なにせ同書はカバー絵からして〈件〉だった！）や、佐藤健二の『流言蜚語』（一九九五年三月刊）など、〈件〉をめぐる風聞の分析に一章を割く著作の出現によって、見事に雲散霧消することとなった。

常光徹『学校の怪談』
（ミネルヴァ書房、一九九三）
＊カバー絵にクダンを描いた瓦版があしらわれている。

●――虚構が現実に取り憑く瞬間

それらによると〈件〉の伝承は、長崎から岡山（ちなみに百閒は岡山出身である）、兵庫にかけての西日本一帯に江戸時代から流布していたそうで、明治以降もしばしば件とその予言をめぐる噂が再燃したらしい。とりわけ第二次大戦中には、件が生まれて終戦や空襲を予言したという流言蜚語が神戸や岩国（山口県）で広まり、官憲による取り締まりの対象にまでなったことが、当時の資料にも明記されている。

ここまでくれば、「くだんのはは」が、作者自身が少年時代に見聞した〈件〉をめぐる噂話に着想を得た作品であることは、ほぼ間違いないといえよう（私はつい先日、「くだんのはは」が、たしかに神戸地方の実話に基づいて書かれたものであるという話を、作者にきわめて近しい筋からの情報として入手した。もっとも、それもまた、友人の友人からの伝聞ではあるのだが……)。

しかも、その噂は、阪神地方では〈牛女〉をめぐる怪談となって、平成の世にまで連綿とヴァリエーションを生みだし続けているらしいのである(常光、佐藤両氏の著作に〈牛女〉や小松作品に関する言及がないのは残念なところだ……)。

かくして、「牛の首」というショートショートに、いわば〈予言〉された究極の怪談に、ひとつの実体を与えるかのようにして「くだんのはは」が出現し、その「くだんのはは」を純然たるフィクションからノンフィクションの側へとあたかも突出させるかのようにして、〈件〉をめぐる現実の風説が浮かび上がってきたのである。

もちろんこれは、私の個人的かつ偶発的な体験にすぎないわけだが、しかし右のような過程のうちに、怪談文芸というものの怪しい特性——それこそ〈暗がりに牛〉のたとえさながら、口承文芸と、いわゆる文学作品の曖昧なる境界領域を往還するかのような、いかがわしくも魅力的な特性を認めうるのではないか、という気もするのである。

「くだんのはは」の、とりわけ引用した結末部分には、虚構が虚構であることに飽き足らず、やおら現実の側へと踏み出そうとする、なにやら禍々《まがまが》しい〈意思〉のようなものが感じられはしないだろうか。〈牛の首〉の話に憑かれた語り手が、気がつけば自らも〈牛の首〉と呼ばれるようになり、〈件〉を見た者が〈件〉の親となってしまうのならば、その話をうっかり読んでしまった読者の身に、〈何か〉が起こらないという保証はどこにもないのだ……と怪談文芸は、読者の理性にブラフをかける。

読む者をして恐怖せしめることを身上とする怪談文芸は、しばしばそのようにして作品の外へ、読者の属する現実の側へと逸脱をもくろみ、隙あらば読者に〈取り憑いて〉やろうと、虎視眈々とうかがっているのである。

●――〈呪いのビデオ〉伝説の感染力

昨年の暮れ近いころ、新宿・歌舞伎町の某所で妙齢の御婦人と同席していた私は、彼女がしとやかに語る〈怖い話〉に呆然とした。

「こないだー、ちょ～こわい話きいちゃってー、弟の友達がねー、伊豆のペンション行ってー、部屋にあったビデオ見たらー、こわい顔の女がうつってー、これ見た奴は死ぬぞ～てしゃべるんだってー、そいでー、ビデオのスタートボタンていうの？　あれ押した子がホントに死んじゃったんだってー」

おいおいちょっと待てよ、それって鈴木光司の『リング』じゃないの、と言ってはみたものの、あいにく活字の読書とはあまり縁がないらしい彼女は、ふーんと気のない返事をするばかり。〈弟の友達〉なる人物についても、「あれー、弟の友達の彼女だったかな、忘れちゃったー」。ビデオのその後の所在についても「え〜、わかんないー」という模範回答が返ってきた。

そんな〈呪いのビデオ〉伝説が近ごろ巷間に流通しているのかと、都市伝説関連書や怪談実話本を漁ってみたものの、ビデオに霊が写っていたという類ばかりで、それらしい話題は見つからない。唯一、児童書界でベストセラーとなっている常光徹『学校の怪談7』（一九九五年七月刊）に、「見てはいけないビデオ」という話があるのを発見した。

少年が〈見てはいけないビデオ〉と書かれたビデオを三百円（！）で購入する。家に帰って再生してみると、髪の長い着物姿の女性が画面に現れ、「かわいそうな人ね」「また仲間がふえるわ」と言うと、少年をビデオの中に吸い込んでしまう……。これまた、先の御婦人の談話と同様、創作臭の濃厚な話で、あまり実話っぽくない。

右の二例が実話に基づくものか、それとも鈴木光司の長篇ホラー小説『リング』（一九九一年六月刊）から派生したものなのか、真相は藪の中である（前者では〈伊豆のペンションで見た〉という点が、後者では〈仲間がふえるわ〉という点が、かなり〈リング〉っぽい）。ちなみに、別冊宝島編集部を通じて、『リング』の版元である角川書店に問い合わせてもらったところ、読者カードなどに、それらしい話題を記したものは特に記憶にない、とのことだった。

ともあれ『リング』という作品が、そうした風聞を生んでもおかしくないほどの〈恐怖の感染力〉を持った、近年まれにみる怖い小説であることは間違いないだろう。ホラーとしては異例の数十万部を売り上げたベストセラーであり、TV映画として放映・ビデオ化もされて、概略をご存じの向きも多いだろうから、ごく簡単に要約を掲げておく。

同日同時刻に別々の場所で、四人の若者が変死を遂げる。死因はみな心臓麻痺で処理されるが、状況の異常さに不審を抱く新聞記者・浅川は、彼らが死の一週間前に、箱根の貸別荘に同宿していたことを突きとめる。

同じ部屋に泊まった浅川は、彼らがそこで一本のビデオ・テープを目にしたことを知り、自分もそのビデオを見てしまう。それは火山噴火や老婆、嬰児などの不気味な映像とともに、見た者に死を宣告する呪われたビデオであり、しかも助かる方法を教える最後の部分が若者たちのいたずらで消去されていた。浅川は旧友で哲学者の高山に助けを求め、高山もまた、そのビデオを見てしまう。

火山は伊豆大島、ビデオの映像に人間の瞬きを思わせる切れ目があるのは、それが念写によって生みだされたからだと推理した二人は、大島出身の超能力者を探索した結果、山村貞子の存在を知る。やはり超能力者であった母と大学教授の父とのあいだに生まれた貞子は、両親が世間の非難を浴びて不遇の死を遂げたことを深く恨んでいたらしい。

箱根の別荘がもと結核療養所の建物であり、そこで貞子の父が没したことを突きとめた二人は、当時勤務していた医師から、貞子を犯して古井戸に捨てたという告白を聞かされる。貞子は特異な両性具有者であり、死の間際に、医師が罹患していた天然痘ウィルスに感染していた。

死のタイムリミット直前、別荘の床下の古井戸から貞子の遺骨を掘り出した浅川は、死を免れる。ところが喜びもつかの間、高山が問題の時刻に急死する。浅川は、自分がやって高山がしなかったことに思い当る。ビデオをコピーして他人に見せることだ。大衆に対する貞子の怨念と、絶滅に瀕した天然痘ウィルスの怨念が貞子の体内で融合された結果、自らの無限増殖を欲する恐るべき怪物が生みだされたのだ……。

●——『リング』になぜ恐怖するのか

小説としての『リング』の魅力が、まずなによりも、本格ミステリーも顔負けの入念に練られたプロットに基づき、途方もない謎が次々と解き明かされてゆく、息もつかせぬストーリーテリングの妙にあることは、論を俟《ま》たないだろう。

しかしながら、この作品を読んだ多くの読者が受ける第一印象は、そうしたサスペンスが生みだす痛快感や躍動感などではなく、むしろ異様なまでの恐怖感だった。私自身が、そうだった、と主張するだけでは説得力に欠けるだろうから、客観的な例を挙げよう。

坂東齢人氏は同書の文庫版解説で「活字を読んで、あるいは映像を見て、本当に怖い思いをすることなど、滅多にあることではない」と述べ、本書を読了後、「一人でいることがなんだか無性に怖く、一人でトイレへ行くのが怖くてしかたのなかった子供の時のように、他人のぬくもりを求めてしまったのだ。そう、理性ではなく本能を直撃するような怖さが、『リング』にはあったのだ」と記している。

かく言う私が、そもそもこの作品の存在を知ったのも、仕事の相棒からかかってきた震え声の電話によってだった。彼女もやはり、夜半に本書を読了後、無性に怖くなってトイレに行けなかったそうである……。

『リング』は単行本初刊時、派手な宣伝もされず、装幀もパッとせず、うっかりすると見逃してしまいそうな形で、世に出た。それが〈とんでもなく怖い小説がある〉という口コミによって次第に広まり、ついにはホラーとしては画期的なベストセラーにまでなったのだ。その意味で〈戦慄のカルト・ホラー〉という同書の惹句に嘘はないし、こういう形で注目を浴びた作品というのは、ホラーの分野でもあまり前例がない。

ところで、先に例示した二人の『リング』読者が、共に怖さのたとえに〈トイレに行けない〉という表現を用いているのは非常に興味深い。

トイレに対する恐怖は、人間が物心ついて最初に抱く迷信的、超自然的恐怖のひとつだと筆者は考えるが、そのとき感じる恐怖とは、それこそ〈トイレの花子さん〉に代表される実話レベルの恐怖、素朴ではあっても直接的でなまなましい恐怖感である場合が圧倒的に多いのではなかろうか。

坂東氏が指摘されていたとおり、『リング』という作品には、まさにそうした〈理性ではなく本能を直撃するような怖さ〉があるのだ。おそらくその秘密は、この作品が、「くだんのはは」のところで触れたような怪談文芸の特性を、意識的に体現するかのようにして書かれている点に存する。

●――不幸の手紙の呪縛力

浅川が持ち込んだ問題のビデオを見た高山は、開口一番、次のように言う。

「ガキの頃、よくこんなことしなかったか？　恐い絵かなにかを見せて、コレを見た者は不幸になるとか言って友達を脅すヤツ。あるいは不幸の手紙とかよぉ」

不幸の手紙――このさりげない一言に、『リング』全篇を律する恐怖のカギが秘められていることは明らかだろう。

その映像を目にした者を一週間後に死に追いやる呪われたビデオ・テープ。主人公たちが悪戦苦闘の末に突きとめた唯一の救済法は、ビデオをダビングして第三者に見せることだった。それはまさに、〈この手紙を〇日以内に〇人の人に出さないと不幸になる〉と脅迫する〈不幸の手紙〉のやり口そのままではないか！

〈不幸の手紙〉は、いわゆるチェーン・レター（連鎖手紙などと訳される）の一種で、ほかにも〈幸福の手紙〉（受け取った人には幸福が訪れるが、手紙を出さないと不幸になる）、〈エヴ・レター〉

〈女性のみを対象として、受け取った人にはボーイフレンドができるという〉など、いくつかのヴァリエーションがあるようだ。

このはた迷惑なイベントが、日本でいつごろから始まったものか定かではないが、一九六〇年前後に〈幸福の手紙〉が流行し、それから十年後の七〇年ごろから〈不幸の手紙〉が登場したらしい。

このときはマスコミにも取り上げられ、ちょっとした社会問題になった。当時、中学生だった私も一、二度、現物を受け取った記憶がある。また、私がたまたま知り得たところでは、一九九〇年ごろ、ある雑誌が〈不幸の手紙〉の回収を呼びかけたところ、百通を超える手紙が寄せられたというから、その絶えざる呪縛力（？）は、なかなかのものだ。

典型的な文面は、次のようなものである。

「これは不幸の手紙といって沖縄から順に私のところに来た死神です。カナダ人が考えたそうです。貴方のところで止めると必ず不幸が訪れます。テキサスの人は止めたので五年後に死にました。貴方も三十時間以内に文章を変えないで二十九人の人にこの手紙を出して下さい。私は〇〇〇番です」

固有名詞や数字には若干の異同がある。また九〇年代に流通したものでは、沖縄が大分などに変わり、外国に関する記述はなくなり、「中里さんという人が止めた一年以内に死にました」として、最後に「私も被害者です」と締めくくる形式が目につく。

ある日突然、自分を名指しで届く不吉なメッセージ〈手紙そのものを隠喩法で〈死神〉と断ずるあたり、〈呪物〉としての演出効果満点だ〉。その背後には、特定できぬ他者たちの悪意の無限連鎖がある。しかもメッセージに従うことは、自分自身がその連鎖に連なることを意味する……〈不幸の手紙〉を受け取ったときに、多くの人が抱く恐怖感や不快感は、おそらくそのあたりに由来するものではないだろうか。

●取り憑く物語

考えてみるとこれは、すでに言及した〈怪談の構造〉や〈怪談文芸の特性〉を、まさに目に見える形で体現したものにほかならないといえよう。

そんな〈不幸の手紙〉の恐怖システム（？）を、大胆不敵にも丸ごと作中に取り込み、作品化してしまった『リング』が、かつてないほど強烈に読者の本能的恐怖を喚起するのは、蓋《けだ》し当然のことなのである。『リング』の作者が、こうした次第に充分に意識的、確信犯的であることは、続篇として刊行された『らせん』に、より明確な形で示されている。同作ではなんと、死のメッセージを伝達する媒体が、ビデオの映像だけではなく、それを記録した〈文字〉にも及ぶことが明かされるのである。つまり、『リング』を読んでしまった読者は、すでにして〈リングの呪い〉の無限連鎖の渦中に取り込まれていたことになるのだ！

〈怪を語れば怪至る〉という言葉がある。怪しい話をすると、本当に怪異が起こりますよ、という意味で、近世に盛況をみた〈百物語〉の怪談会では、百話すべてを語り終えると、当の語り手たちをリアルな怪異が見舞うと信じられていた。

近代における怪談文芸のルーツを、そうした百物語の筆録に求める見方があるが、だとするならば、怪談文芸とは、そもそもの始めから、虚構から現実への飽くなき逸脱を志向する、〈ホーンテッド〉ならぬ〈ホーント・ストーリー〉HAUNT STORY――取り憑く物語であるのかもしれない。

（初出・別冊宝島二六八号『怖い話の本』宝島社、一九九六年七月一四日、所収）

第二章　本朝「牛の首」文学誌序説――クダンは祟るか!?

六甲の〈牛女〉と予言獣〈クダン〉は、別物ではないのか……本号（『幻想文学』第五十六号、一九九九年、六一頁、木原浩勝「「くだんのはは」は〈件〉ではない理由」参照）に掲載した談話中で、『新耳袋』著者の木原浩勝氏が遠慮がちに提起されたこの指摘に接して私は、まさに目から鱗が落ちる思いがした。

そうなのだ。小松左京の「くだんのはは」（一九六八）が、あまりにも印象強烈な〈クダン〉におけるデファクト・スタンダードとなってきたがゆえに、われわれは重大な看過、とんでもない見当はずれの思いこみを続けてきたのかもしれないのである。

〈クダン〉をめぐって、小松左京や内田百閒の小説と、常光徹や佐藤健二の研究論文と、『新耳袋』の怪談実話とを、史上初めて、具体的に結びつけて論じた張本人としては（本書第一章参照）、ここは一言、落とし前をつけておかねばなるまい。

木原氏の見解を突き詰めれば、小松左京の「くだんのはは」に描かれるクダン〈以下〈小松クダン〉と略称〉は、民間伝承に登場するクダン〈以下〈伝承クダン〉と略称〉とは別物ということになる。

本当だろうか？　伝承クダンの特徴を要約すると、おおむね次のようになるだろう。

(1)人面牛身である。
(2)牛から生まれる。

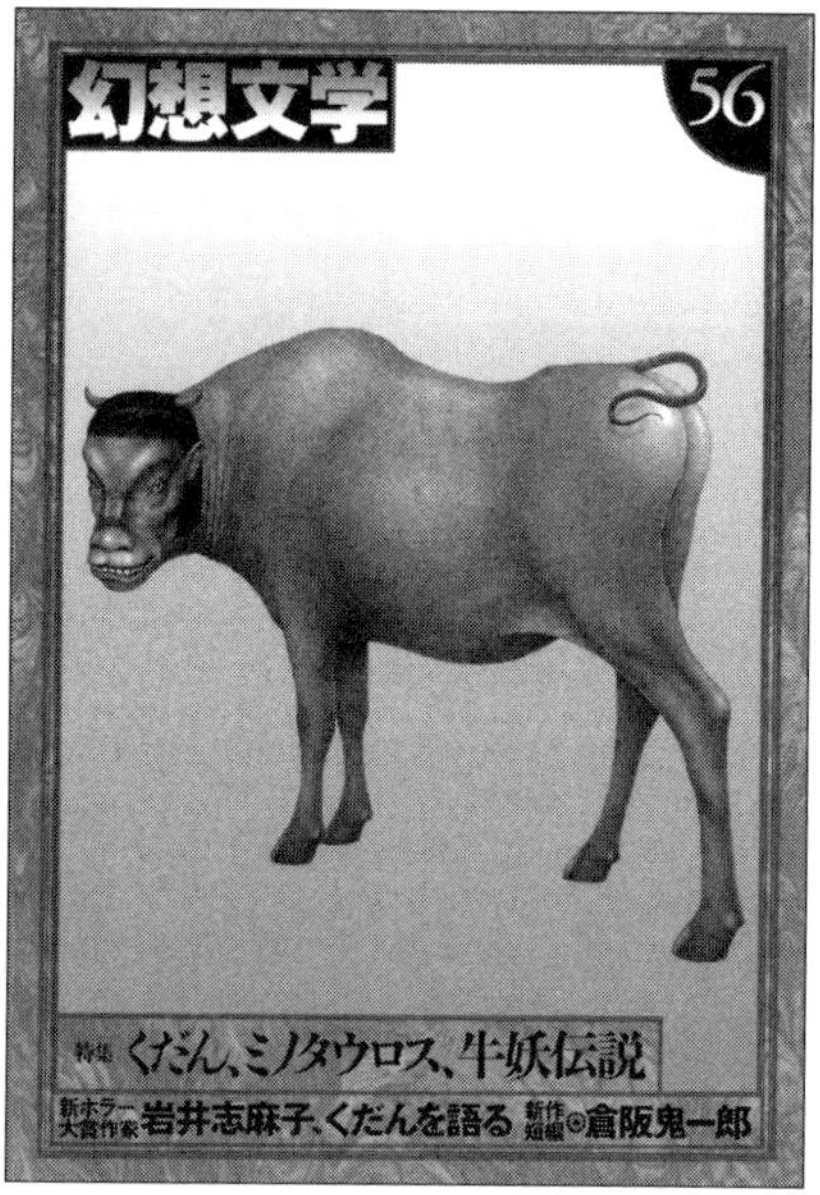

『幻想文学』56号、アトリエOCTA、1999年

＊木原浩勝「私が件を知ったのは、水木しげるの妖怪図鑑か何かだと思いますが、それは顔が人間で体が牛であるという今日知られる一般的なものですね。私はそれを件だと理解していました。百閒の件もそれですよね。でも小松左京のは件じゃない。だって顔の方が牛で体が人間だから。上下逆転現象を起こしているのです。」(『幻想文学』第五十六号、六一頁)

(3)予言をする（その予言は必ず当たる）。
(4)その絵姿を飾ると福を招くなど、縁起物とされる（例外もあり）。

右のうち、小松クダンに当てはまるのは(3)だけであり、それ以外の点に関しては、むしろ正反対の存在であるという印象が強い。

特にポイントになると思われるのが(4)だ。小松クダンは、牛娘の母親が語るように、旧家に営々と積もった〈劫〉の産物であり、しかも結末に至って、クダンの話を他言すると不幸が起こる、さらには〈件を見たものは件をうむようになる〉と規定されている。

そこに顕著なのは、縁起物どころか、禍々しい〈祟り〉の連鎖構造だろう。「くだんのはは」に先行し、双璧を成すクダン小説といえば、内田百閒の「件」（一九二一）であるが、こちらはいたって伝承に忠実な存在として、〈クダン〉を描いている。まあ、肝心の予言は最後まで実行しないのだけれども、そこは百閒一流の演出と解すべきだろう。

また、(4)の要件を満たしているかも怪しいが、〈語り手＝クダン〉を取り巻く群衆が、予言そのものへの畏怖と恐懼の念は示しても、クダンそのものに対しては、さほど怖れるふうでないのは確かで、〈見る／見られる〉ことの禁忌などは、どこ吹く風である。

一方、小松クダンと、はなはだ因縁深い六甲の牛女をめぐる怪異談――『新耳袋　第一夜』（一九九〇）がわざわざ一章を設けて蒐集している諸篇を一覧すると、そこには「くだんのはは」と共通する、なにやら禍々しい禁忌の色彩が濃厚で、妖怪談というよりも怨霊譚に近い性格が認められるように思う。

この点にダメを押すのが、続く『新耳袋　第二夜』（一九九八）に収められた「うずくまるもの」という話だ。夜道で目撃した和服姿の女性の容姿について「これ以上は語れない」と語り手が強い拒絶反応を示して話が打ち切られる。敢えて〈牛女〉の話とは言明されていないものの、編者による末尾のほのめかしが示唆する意味は明らかである。

要するに、伝承クダンは祟らないけれど、小松クダン＝六甲の牛女は祟るのだ！

伝承クダンは、かわら版や商標や剝製（！）などの形で、そのヴィジュアル・イメージが公に伝播してきたのに対して、小松クダンは、見たり語ったりしてはいけないもの、人の目に触れてはならないものとして、いわばアンチ・ヴィジュアルな噂の形で伝播してきたものであるらしい。

ここで否応なく想起されるのが、「くだんのはは」に先だって発表された小松の掌篇「牛の首」（一九六五）である。

先述の拙稿中で、私はこの作品を、人の口から口へと伝播してゆく〈怪談〉の構造の寓話として捉えてみたのだが、しかし、より直截に、そして虚心に見るならば、これは紛れもなく「見たり語ったりしてはならないもの」が喚起する恐怖をめぐる物語ではなかったか。

そして、作者である小松左京の内部で、少年時代に接した「六甲の牛女」の風説と、自作の「牛の首」が結び合わされたところに、小松クダンの特異な属性が形づくられていったのではないのか……。

そのように仮定すると、今度は何故「牛の首」なのか、という疑問が当然生じるはずだ。どうして「牛の首」が恐ろしいのか、語りえぬ禁忌の対象なのか。

私が秘かに思うに、それは「神威」に関わるからではあるまいか。

超自然的な恐怖の中で、幽霊や妖怪の類にもまして、問答無用に恐ろしいのは、不用意に〈神〉と遭遇してしまうことだ。

その果敢なる特攻精神において、オカルト・ルポルタージュの範とすべき加門七海の著書『うわさの神仏』に、その名も「祟るんですの巻」という章がある。そこで報告されている、素性不明の渡来神を祀った某神社のエピソードなど、右の典型例だろう。

日が暮れてから某神社の境内で、小さな白髪の老翁を目撃した者は、必ずその直後に死ぬ。だから地元の人間は日没後、神社に絶対近寄らないし、危険なので門に閂《かんぬき》がかけてある。ところが時折、ひとりでに閂が外れていることがあるという……著者ではないが「ややややや、やめてくれええぇっ！」である。

「その老人って神サマじゃないの⁈」

「神サマと言っても、色々あるから」

「色々って」

「祟るんでしょう」

神社に入っただけでかよ⁈　無差別攻撃祟り神か？

「それとも、犠牲を欲する神なんでしょうか。祀り方を間違えてるんでしょうか。もともと、出自のわからない、不思議な神サマですからねぇ。一体、どんなお方なんだか」

（加門七海『うわさの神仏』集英社より）


右はいささか極端な例としても（とはいえ全篇に漂う雰囲気が、『新耳袋』における牛女怪談のそれと奇妙に似通っているのは不気味である）、八幡様や天神様をはじめとして「祟り神」的な出自を有する神様は、古来より数多い。

なかでもとりわけ強大な祟り神のひとつである牛頭天王《ごずてんのう》は、その名のとおり頭頂に黄牛面を戴き（別伝に白牛に騎乗するとも）、双角を持つ忿怒相《ふんぬそう》で顕現するとされる。疫病退散の守護神とされているが、本来、牛頭天王は疫病神そのものであり、「蘇民将来《そみんしょうらい》」の故事が伝えるとおり、自らに帰依する者のみを救済し、無縁の衆生は全滅させずにおかない、厳格にして恐るべき災厄神なのだ

〈暴神スサノオと習合していることからも、その性格は明らかだろう〉。
ちなみに、牛頭天王が初めて本朝に降臨したのは兵庫県明石の地で、その後、姫路市北方の広嶺山に鎮座した。同地の広峯神社は、京都祇園の八坂神社と並ぶ牛頭天王信仰の本拠地である。このことと、〈牛女〉の風説が同じ兵庫の六甲山一帯にのみ伝わることとの間には、何らかの因果関係があるのだろうか？　非常に興味深いテーマなのだが、今ここで深追いする余裕はないので、指摘のみにとどめておく。

まあ、敢えて牛頭天王だけにこだわらずとも、『幻想文学』の本号で多田智満子、武田雅哉、中山市朗、石堂藍の各氏が豊富な知見を披瀝しておられるとおり、〈牛神〉は人類が最も古く遭遇した神にほかならない。そして、その霊威を象徴するのが、隆々とした角を戴く頭部にあることもまた、諸家の説くとおりである。

詩人・入澤康夫の連作「牛の首のある三十の情景」（一九七九）は、そんな「牛の首」にまつわる底深き神威の記憶を、小松左京の「牛の首」とはまた違った意味で、まざまざと感得せしめる名品である。
仄暗い生の根幹に直結する〈地縁／血縁〉の伝承的記憶をアリアドネの糸に、さまざまな妖しいイメージが乱反射するこの連作に、中空より君臨するものが、燦爛と輝く屠られた〈牛の首〉であるとするならば、もう一方の極として繰り返し顕現するのは、〈妹〉とか〈娘〉と呼ばれるあえかな乙女の幻像だ。

日蝕の午後、檻の中にゐるのは、わたしたちの、わたしの娘だ。花綵《はなづな》で全身をゆはへられ、牛の首を浮き彫りした木の寝台に横たへられて、目を閉ぢ、口も心もち開けてゐる。わたしたちは、わたしは、彼女に向つて声を放つのだが、彼女には聞こえてゐるのだらうか。どこからか小石が飛んで来て、檻の枠に当り、わたしたちの、わたしの足許まではね返つて来る。

（「牛の首のある四つの情景」より）

そこに揺曳するのは、紛れようもない〈犠牲の処女〉の面影だろう。たとえば、次のごとき——。

絶体絶命の旱《ひでり》の時には、村第一の美女を取つて裸体《はだか》に剝き（略）黒牛の背に、鞍置かず、荒縄に縛める。（略）……すなはち、草を分けて山の腹に引上《ひきのぼ》せ、夜叉ケ池の龍神に、此の犠牲を奉るぢや。が、生命は取らぬ。然るかはり、背に裸身《はだかみ》の美女を乗せたまま、池のほとりで牛を屠つて、角ある頭と、尾を添へて、これを供へる。

泉鏡花の妖怪戯曲「夜叉ケ池」（一九一三）の一節、山頂にある大池の主《ぬし》・白雪姫の哀しき前世に関わる雨乞いの儀式の描写である。逞しい黒牛の背に括りつけられた裸女の白い柔肌……伊藤晴雨の責絵さながらの、いかにも鏡花好みな嗜虐美の世界だが、しかし〈水辺で屠られる牛〉や〈大地母神――聖牛――巫女〉の三位一体構造が、洋の東西で広く認められる古俗であることは、たとえば石田英一郎『河童駒引考』が、詳述するところだった。

おそらくは唯一の〈牛妖モダンホラー〉といえるだろう（つい最近、新たに田中啓文の新作長篇『件――もの言う牛』という新手が加わったのだが……）西村寿行の長篇怪作『デビルズ・アイランド』（一九九六）について論じた際（角川文庫版同書解説）、私はやはり「夜叉ケ池」を引いて、両者が共に「〈牡牛〉と〈少女〉と〈水怪〉をめぐる物語」であることを指摘しておいた。

瀬戸内の小島で起こる連続怪死事件を発端に、この世のものならぬ黒い牡牛の暴威を憑かれたような筆致で描く『デビルズ・アイランド』もまた、牡牛に乗った少女（かつて島の男たちによって凌辱・殺害されたことが暗示されている）が水神と化す壮大なエンディングを迎えるのだった。

……もしかすると、そう、かれらは、彼女らは、血膿を流して啜り泣く「くだんのはは」の牛娘や、六甲山麓を今も地霊のごとく彷徨《さまよ》うらしい牛女の、遠い血族であるのかもしれないのだ！

（初出　季刊『幻想文学』第五十六号、アトリエOCTA発行、一九九九年一〇月所収）

第三章　未来を予言する怪物、クダンを追う

●――「クダンをご存知ありませんか？」

来日から三年目の明治二十五年（一八九二）、夏季休暇を利用して近畿から山陰各地を探訪中のラフカディオ・ハーン[1]は、鳥取の境港から隠岐島へ渡る船中で、不思議な話を耳にした。船が美保関の沖合にさしかかったときのことである。例年この辺りは、盆前には穏やかな凪《なぎ》の日が続くのだが、先週は珍しく突風が吹いた。土地の者の話では、それは美保関の神様の怒りに触れたためで、原因は〈クダン〉にあったというのだ。

ハーンは首をかしげる。

「クダンとは何ですか？」

「クダンをご存知ありませんか？　クダン（件《くだん》）というのは、顔が人間で、胴体が牛でしてね。

どうかすると、牛から生まれることがあるんですが、これが生まれると、何かが起る前兆なんですな。件というやつは、つねに本当のことしか喋らない。ですから、日本の手紙や証文には『依って件の如し』という文句をよく使いますが、あれはつまり『件のように真実をもって』という意味なんですよ」

「でも、美保の関の神さまが、なぜその件で怒られたのですか?」

「それがね、なんでも剝製の件だったそうでね。わたしは見ないから、どんなふうに出来ていたものか申しあげられないが、なんでも大阪から旅回りの見世物師が境へ巡業にきて、虎だの何だの、いろんな珍らしい動物をもってきたなかに、その剝製の件があったんですな。そいつをもって、出雲丸で美保の関へやってきた。と、汽船が入港したとたんに、にわかの突風です。神社の神主たちが、これはなにか不浄のものを――死んだ動物の骨か何かを町へ持ってきたから、神さまがお怒りになったんだというんで、香具師《やし》の連中は船から上陸することを許されずに、そのままその船で、境まで送り返されたそうでしてね。ところが、連中が行ってしまったら、とたんに天気が晴れて、風がぴたりとやんだもんだから、土地の人達は、やっぱり神主のいったことは本当だったと思ったというんですよ[2]」

来日後、最初に著わされた大著『日本瞥見記 Glimpses of Unfamiliar Japan』(一八九四)所収「伯者から隠岐へ」の片隅にチラリと登場するこのエピソードは、おそらくは近代日本で最初の文学的〈クダン〉捕獲例である。それが後に近代妖怪文学の大古典『怪談 Kwaidan』（一九〇四）を著わす小泉八雲ことラフカディオ・ハーンの手で記録されたというのも因縁めいているが、それ以外にも右の一節は、われわれ〈クダン〉ハンターの妄想を掻きたててやまないディティールを孕《はら》んでいる。

たとえば、外国人であるハーンに向かって、案内者が「クダンをご存知ありませんか？」と、意外そうに聞き返している点。外国人労働者が街にあふれる昨今ならともかく、地方の町や村に見馴れぬ外国人がやって来れば、それこそ「異人」扱いされてもおかしくなかった明治時代の話である（ハーン自身、山陰で自分が異人視された経験を、面白おかしく記している）。当時、西日本の地方都市に暮らしていた日本人にとって、クダンとは、それほどまでにポピュラーな妖怪だったのだろうか。

しかも、そのクダンが剝製の見世物となって各地を巡業していたらしいことが分かるのも、たいそう興味深い点である。

寺社の祭礼などに際して小屋掛けする見世物師の一行は、地元の人々、とりわけ子供たちにとっては、いずこからとも知れず到来する異人、マレビトに他ならなかった。かれらが秘密めかして捧持するクダンの剝製は、たとえその現物が、いかに稚拙な拵《こしら》え物であったとしても、子供たちの眼には、妖しさを湛えた異界からの来訪神さながらに映じたことだろう。薄暗い見世物小屋の一隅に鎮座する、死せるクダンの姿を垣間見て、眠れぬ夜々を過ごした幼童も少なくなかったに違いない。

明治二十二年（一八八九）、岡山市の中心地に程近い古京町《ふるぎょうまち》の造り酒屋に生まれた内田栄造、後の文豪・百鬼園(3)は、少なくともＴＰＯの点では、そんな慄《ふる》えて眠る子供らのひとりであった可能性が高い。

ちょうど同じころ、太平洋の向こう側で巡回カーニバルの悪夢が、たとえばレイ・ブラッドベリ(4)をして短篇集『黒いカーニバル Dark Carnival』（一九四七）所収の珠玉作品群を生ましめたように、見世物小屋のクダンの記憶が、百閒をして戦前では唯一の「件」小説たる短篇「件」（大正八年／『冥途』所収）を書かせたのだとしたら……ハーンの片々たる聞き書きは、そんな心愉しい夢想をすら誘ってやまないのである。

いや、これはあながち〈クダン〉ハンターの放恣《ほうし》な妄想とばかりも言い切れまい。

連れの女にせがまれて、気の進まないまま見世物小屋に入り、熊と黒牛（！）の殺し合いを見物するうち、恐ろしい目に遭う「蜥蜴」（『冥途』所収）、近所で捕獲された雷獣が、祭礼の見世物に出ていると聞いて見物に行く「狭筵」（『旅順入城式』所収）など、幼少期に目撃したとおぼしき見世物小屋にまつわる妖異と幻想を活写した態《てい》の作品を、百閒は実際に遺《のこ》しているのだから。

そう思って、改めて「件」という作品を読み直してみたら、面白いことに気がついた。

人人は広い野原の真中に、私を遠巻きに取り巻いた。恐ろしい人の群れで、何千人だか何万人だかわからない。其中の何十人かが、私の前に出て、忙しさうに働き出した。材木を担ぎ出して来て、私のまはりに広い柵をめぐらした。それから、その後に足代を組んで、桟敷をこしらへた。

これは要するに、私＝クダンを中心に組み立てられる、即席の見世物小屋構築の光景なのではあるまいか？　そもそも、群衆の好奇の視線にさらされるクダンという基本設定からして、それは見世物に特有のシチュエーションなのだといえないこともないのである。

●――クダンの剥製が恐ろしいのは……

クダンの剥製なるものが実在したことは、今も複数の史料から跡づけることができる。

ひとつは「名古屋新聞」明治四十二年六月二十一日号に、なんと写真付で掲載された記事[(5)]。それによると、長崎五島列島の農家で生まれた「件」が日露戦争を予言し、その死骸が剥製となって、長崎市の八尋《やひろ》博物館に陳列されているのだとか。その容姿たるや、能面とも嬰児の顔とも形容できそうな（いっそ吉田戦車の漫画のキャラクターさながら、といったほうが分かりやすいか⁉）人面が、貧相な子牛の胴体に接合されているという、見るからに気色の悪い代物《しろもの》……いかにも夢に出てきそうである。

もうひとつは、やや時代が降るが、大正十五年八月、兵庫県城崎郡豊岡で開催された見世物興行の仮設小屋建造に際して、地元の警察署長に提出された「仮設観物場開設願」という文書一式[6]。その「明細書」に、次の記載が見える。

一、模型の件

頭二ツ上人間下牛　身体　牛

製作者　大分県別府市西立田町

標本製作所　道場小太郎氏

クダンの剝製
明治四十二年の「名古屋新聞」より。

さすがに警察相手に本物とは謳えなかったのか、ここでは最初から「模型」である旨が明記されている。それにしても「頭二ツ上人間下牛」とは、いかなる仕儀か？　双頭のクダンを意味するのか、それとも人頭と牛頭がクルリ入れ替わる、からくり仕掛けでもあったのか、妙に気になるところである。

模型の製作地が「別府」と特定されているのも、これまた気になる。

件 © 水木プロ

水木しげるが描いた件（クダン）は、かなり可愛らしい。

なぜかというと、斯界の大御所・水木しげる翁[7]が、クダンについてふれた文章の中に、「別府の〝地獄めぐり〟というところに行ったとき、『くだん』の〝剥製〟を見ておどろいた」という直接の目撃談が記されているからだ。ちなみに水木翁の出身地は、鳥取の境港――まさにハーンが見聞した「件」話の御当地である。

ところで水木しげるはエッセイ「妖怪のミイラ[8]」で、こうした妖怪の剥製を専門に製作する職人集団が、秘かに存在した可能性を指摘して、さらに次のような不気味極まる推測を語っている。

　宝物の怪物の材料が、いずれも小

児だということである。

『河童』にしろ『人魚』にしろ、どうみても子供のミイラそのものである。

腐ったような死体ではうまくいかないだろうから、これはどうしても生きのいい死体を材料にしたとしか考えようがない。いや、死んだ子供をつかっているのではないだろう。生きている子供を、何らかの方法で永久に変わらないハク製にしたてあげたのだ。

おそらく、妖怪作りの職人は、生きたままの子供をさらってきて、山の中とか、人里はなれたところにつれていき、特別な秘伝の食物を食べさせたりして、このおそろしい妖怪のハク製を作っていたに違いない。

私はテレビ番組でそれらの妖怪のハク製を見るたびにそうした思いにとりつかれ、いつも一人冷たい汗が流れるのをおぼえる。

かつて見世物小屋の雑踏は、恐ろしい〈人さらい〉が、虎視眈々と獲物をうかがう魔処でもあった。

クダン見物に出かけた子どものひとりが行方知れずになり、やがて当のクダンに変わり果てた姿となって、懐かしい故郷へ戻ってきたとしよう。

以前と同じように、見世物小屋の片隅に陳列され、見物客たちの好奇の視線にさらされたとしよう。

その中には、かつての友達や、あるいは親兄弟の顔も混じっているかもしれない。

そのとき，子牛の体軀に接合された子供の首に、もしも一片の意識が宿ったとしたなら、彼の虚《うつ》ろな双眸《そうぼう》に映る光景は、まさしく百閒が短篇「件」に描いたそれを、必ずや彷彿せしめるに違いない。

「この様子だと余程重大な予言をするんだ」

そんな事を云つてる声のどれにも、私はみんな何所《どこ》となく聞き覚えのある様な気がした。さう思ってぐるりを見てゐると、柵の下に蹲踞《かが》んで一生懸命に私の方を見てゐる男の顔に見覚えがあつた。始めは、はつきりしなかつたけれども、見てゐるうちに、段段解つて来る様な気がした。それから、そこいらを見廻すと、私の友達や、親類や、昔学校で教はつた先生や、又学校で教へた生徒などの顔が、ずらりと柵のまはりに並んでゐる。それ等が、みんな他を押しのける様にして、一生懸命に私の方を見詰めてゐるのを見て、私は厭《いや》な気持ちになつた。

そう、意外に指摘されることが少ないのだけれども、内田百閒の「件」は、実はクダンそのものを描いた作品ではなく、わけも分からぬまま半人半牛の姿に変じてしまった「人間」の困惑と恐怖を描いた作品なのである！

●──都市伝説系妖怪の先駆を求めて

牛に引かれて善光寺参り……ならぬ、百閒の「件」に魅かれて、私は岡山へ〈クダン狩り〉におもむく計画を練りはじめた。

現在までに判明しているところでは、「件」[9]とはおよそ文政〜天保から幕末にかけての時期に、瓦版などを通じてその目撃例が報道されるようになった、意外に歴史の浅い妖怪であり、その点では「口避け女」や「人面犬」といった都市伝説系妖怪の遙かな先駆ともいうことができよう。

その伝承分布が、中国地方から九州にかけての西日本一帯に集中していることは、たとえば日本民俗学サイドからの唯一の公式定義といってよい、次の記述によっても裏づけられると思う。

クダン（霊）牛の子で人語を解するもの。そのいうこと一言は正しい。よつて件の如しという俗説を生じている。いまも九州・中国地方では時折り聞く。生まれて四、五日しか生きていない。多くは流行病や戦争の予言をする。[10]

そしてまた、岡山県がことのほかクダンと因縁浅からぬ土地柄であることは、たとえば次の記載によっても明らかだと思われる。

柳田國男[11]は（略）伝承の発生地を中国山地、とりわけ備中山地と想定して、千葉徳爾（現筑波大学教授）を上房郡北部地方や新見市豊永および草間台地におもむかせて探訪につとめさせた。このとき千葉は豊永字豊国で、実際に件のところへ行って見聞したという90歳の老人２人から話を聞くことができた。しかし、件の由来を明かにするにはすでに遅すぎ、伝承の起こりや背景を解消する糸口は見つかっていない[12]。

いわゆる県別百科の類は、今やほとんどの都道府県で編纂刊行されているけれども、その中に「件」という項目が堂々と立てられている県など、全国どこを捜しても他にはあるまい。おまけにその内容たるや、日本民俗学の総師・柳田國男の指令で、史上初の〈クダン〉ハンティングが試みられ、それなりの成果を挙げたというのだから、これは只事ではない。

……と、まあ〈クダン狩り〉へ向けて、気分的には大いに昂揚したのだが、いざ捕獲計画を練る段になって、私はハタと行き詰ってしまった。

あるいは、これまでの話の成り行きから、それと察せられる向きもあろうかと思うが、クダンは妖怪としては例外的に、特定の場所との結びつきが非常に稀薄な化け物なのだ。

近世の瓦版は、何年何月、どこそこの地で〈件〉が生まれ予言をした……と伝える。いかにも具体的な気がするけれども、生まれて数日で死亡するというのだから、生誕地そのものとの関わりは、実は瞬間的なものでしかありえない。

おまけに〈件〉が、いつ、どこで生まれるかはまったく偶発的で、特定の生誕地や誕生の条件があるわけでもないらしい。

死骸が残るではないか？　――確かにそのとおりだが、生誕地に〈クダン〉の剝製や骨格が保存されたり祀られたりしたという事例は、いまだかつてないようだし、五島列島で生まれた〈件〉の剝製は見世物師の手に渡り、旅から旅への流転の果てに、長崎市の八尋博物館に収まったとおぼしい（残念ながら同博物館は現存しない）。

要するに、生身のクダンはまさに神出鬼没、いつ、どこに生まれ出るか分からないし、生まれてもすぐにその痕跡を消し去ってしまう。そして剝製のクダンもまた、一所不在を常とする見世物師のもとで漂泊を重ねたあげく、いずことも知れぬ旅路の果てへ消えてゆく……まるでクダンとは、実態がつかめるようでつかめない噂や流言の同義語のようではないか。

だがしかし、ここで白旗を揚げては自称〈クダン〉ハンターの名がすたるだろう。

クダンそのものの生誕地を特定・探訪することが困難だとしても、クダンを生んだ風土、とりわけ岡山という土地が、西日本有数のクダン多発地帯となり、内田百閒の名作「件」を生む土壌ともなった背景を探ることは可能なのではないか。

そんなことを鬱々と考えて、頭の中が「牛」の字と「人」の字で埋め尽くされようとした折りもおり、まさに天佑《てんゆう》の如く、奇しくも百閒と同じ岡山出身の新進作家の手で書かれた最新かつ清新なクダン小説が、私のもとに飛び込んできた。

●――依って件の如し！

一九九九年、衝撃のデビュー作「ぼっけえ、きょうてえ」で日本ホラー小説大賞を受賞した岩井志麻子(13)の同名デビュー作品集に収められた短篇「依って件の如し」である。

優れた小説というものは、冒頭の数行を読んだだけでそれと察せられるものだが、この作品の場合もご多分に洩れない。そればかりか、そこにはまさしくクダンを生んだ風土の一端が、一場のパノラマを繰り延べる如く、ありありと写し取られていたのだ。そう、たとえばこんな具合に――。

鈍色《にびいろ》の曇り空をそのまま映した貧しい水田と、その泥に塗《まみ》れた百姓と牛。まとわりつくのは血を吸う虫ばかりだが、その虫も吸っているのは血ではなく泥だった。

痩せた昏《くら》い景色を抱くのは、その鈍色の空に押さえつけられた低い尾根だ。浅い山とは言われても、中国山脈は途方もなく広く果てしなく影は濃い。殊に今頃の季節になれば、彼方の村や見知らぬ異国、果ては西方浄土にまでこの青さは続くかと思われる。だが、いくら青葉が艶やかだろうと降りしきる霧雨に甘い花の匂いがあろうと、わずか戸数二十の陰鬱な村はやはり泥に沈む。鍬《くわ》の掻《か》く泥の重さに立ち往生する牛は苦悶する時、人間と同じ泣き声をあげた。その度に美しい田植歌は中断され、濁った罵声が飛ぶ。

柳田國男がクダン伝承の発生地を中国山地と想定したのは何故か、すんなりと得心させてくれるような一節ではあるまいか。

「人」に「牛」と書いて「くだん」――それはなにも半人半牛の妖物を意味するだけでなく、年々歳々、人と牛とが寄り添い、支えあうようにして生きてきた岡山の寒村の実像でもあったのだ。

「依って件の如し」を読了した直後、たまたま作者その人にインタビューをおこなう機会があったので、私は右の点について質問をぶつけてみた。以下は作者の弁である。

岡山県では牛神信仰が盛んなんですよ。私が生まれ育った和気町の隣にある吉永町には牛神様という大きな神社がありまして、境内に備前焼の掌に載るくらいの小さな牛の人形が何千何万と積んであるんです。そこにお参りした人はいくつでも持って帰ってよくて、家に飾っておいて、次にお参りするときにまた返すんですね。生まれたときから私の家にも牛神様の焼き物の牛がいっぱい転がってました。正しい由来はわかりませんが、牛は重要な農耕の道具だから、牛を神として祀っているんじゃないかと思います。岡山県だと内厩といって牛小屋が家の中にあるんですよ、だから、牛はほとんど家族なんですね。牛と一緒に寝起きして、お正月には酒も飲ます。さすがに名前まではつけてなかったようですけど[14]（笑）。

事実、岡山の民間伝承・信仰研究の第一人者であった三浦秀宥[15]の著書『岡山の民間信仰[16]』も一章を割いて牛をめぐる信仰を紹介しており、その中には、一家の大黒柱が死ぬと、厄除けのために飼牛を一頭、二束三文で売り払う「ケガエ牛」の風習（これは「依って件の如し」にも重要なモチーフのひとつとして登場する）など、牛と人との只ならぬ関係を示唆するものも多い。

それにしても……「牛の人形が何千何万と積んである」牛神様とは！　これは是が非でも探訪せねばなるまい。

ようやくにして〈クダン〉狩りの目的地が定まったことにホクホクしながら、御礼と問い合わせの電子メールを「依って件の如し」の作者に発信したところ、打てば響くように思いもよらぬ返信があった――「牛神社なつかしー、わしも行きたい」（笑）。

かくして、以下に記すのは、牛に引かれてならぬ、シマコさんに引かれての牛神社参りの顚末である。

●──牛、牛、牛、牛、牛牛牛牛牛牛……

別件の取材も兼ねて同行した某誌編集者とカメラマン、それにインターネットがとりもつ縁で〈クダン〉狩りに御参加いただいた岡山在住の妖怪研究家・化野燐《あだしのりん》さんとともに、待ち合わせ場所である岡山駅前のホテルにおもむくと、すでにシマコさんはロビーに到着していた。女物にしては妙にゴツいコート姿。何かと思えば、新幹線の車中で隣り合わせた男性が、降車の際に間違えて彼女のコートを着ていってしまったのだとか。

おお、それは早くもクダンの祟りか⁉　などと冗談を交わしつつ、五人が乗り込むにはやや窮屈なレンタカーで、吉永町を目指す。

岡山市街を抜け、県道・岡山赤穂線を一路東進すると、途中でシマコさんのホームタウンである和気町を通ることになる。

「あーッ、あの橋のたもとで、よくタヌキに化かされたわ」

「あそこの廃屋は同級生で夜逃げした○○ちゃんの家なんよ」

「ほれ、そこの神社で私、結婚式を挙げてぇ、一生添い遂げますと誓ったのにぃ……神様、ごめんなさい！」

……あの重厚沈鬱な「依って件の如し」の作者と同一人物の発言とはにわかに信じがたい和気町案内の数々に一同腹を抱えていたら、早くも行く手に、一面の水田に囲まれた牛神社の森が見えてきた。

田倉牛神社《たくらうしがみしゃ》の正式名称は、「野上牛頭天王宮《のがみごずてんのう》(17)」といい、除疫神である牛頭天王を祭神とする。創建は江戸時代初期とされ、牛馬の守護神として農民たちの手篤い尊崇を集めてきた。今でも大祭当日には、近隣の善男善女が参道に列をなすという。

大鳥居の前で、吉永町の文化財保護委員をつとめる光友和夫さんと合流する。牛神社には昔から神職が存在せず、ずっと氏子の手で管理されてきたのだとか。そのため、世話役でもある光友さんに案内をお願いしたのだ。

「神職どころか、社殿にあたるものもないんですよ。神域全体が御神体といってもいい。それで昔から、地元の人間は牛神様の山の木の枝一本持ち帰ってはならない、禁を破れば必ず神罰を受ける、と厳しく戒められているのです」

神社とは本来、一塊の磐座《いわくら》や一本の巨樹に神が宿ることに発するものであった。その意味で田倉牛神社は、より原始的な信仰の形を今にとどめているとも言い得よう。しかも牛の人形が何千何万……ときては、参道の急な石段をのぼる足どりにも自然に力がこもる。

ひとしきり石段を上がったところが小さな広場になっており、そこの一隅に等身大に近い黒牛の銅像が悠然と横たわっていた。住まいから程近い東京・向島の牛嶋神社にも似たような像があったよなあ……と思いながら撫で回していたら、光友さんが呆れたように「そんなものは序の口ですよ」と先を急がせる。

残りの参道を駆け上がるようにしてたどりついた先は……なるほど牛、牛、牛、牛、牛牛牛牛牛牛……牛の山だった！

牛の山

異様な光景である。ふつうなら社殿が鎮座するべき山腹に開けた空間を、文字どおり何全何万とも知れぬ褐色の牛の小像が占拠し、うずたかく積み重なって、見上げるばかり山をなしているのだ。

「何万ではきかないでしょう、少なくとも何十万という単位だと思いますよ」

いや、ごもっとも。ここを訪れるのは子供のころ以来というシマコさんも興奮気味だ。

「これですよ、これぇ。この牛を持って帰って、家にお祀りしたんだわ。なつかしーっ」

し、しかし……いくら数十万分の一とはいっても、奉納品を勝手に持ち帰ったりして、バチは当たらないのだろうか。

牛だけではなく馬も

「いいのです。願い事のある人は一体を拝領して家内に祀り、祈願成就の暁にはもう一体を添えて倍返しする習わしがあります」

なるほど、それで牛像の山は、人々の信仰とともに営々と増殖を続けてきたわけか。よく見ると、同じ備前焼の牛といっても、牛だかトドだか判然としないような稚拙な代物から、細かい細工が施されたものまで様々な種類があることが分かる。中には牛ではなく馬の像もチラホラ。

「やはり古い時代のものほど、出来が良いようですね。馬が混ざっているのは、『牛馬の神』として御利益があるとされているためです」

牛像の山の頂上

牛像の山は、動物園を思わせるような鉄柵で囲われている。横手にある出入口の鍵を開けていただき、カメラマンの後ろにくっついて恐るおそる牛山登攀を試みた。自分が踏みしめている足の下に、どれくらい昔からの牛像がみっしりと堆積しているのだろうか。いや待てよ、ここに埋まっているのは、ほんとうに牛の像だけなのだろうか……。

●――牛の首を埋めた祟りが……

牛像のバリエーションや奉納品（当然のことながら、牛をかたどった工芸品の類である）を収蔵する「牛神会館」と、大山信仰ゆかりの「大仙社」を見学した後、光友さんの御自宅にお邪魔して、詳しいお話をうかがうことにした。それによると、牛神社の起源は文献史料が皆無に近いため定かではないものの、ふたつの説が有力とされているらしい。

ひとつは、中国地方屈指の霊山である伯耆大山《ほうきだいせん》から、牛神として勧請《かんじょう》されたという説。大山は牛馬守護神信仰のメッカであり、また近世には大規模な牛馬市が開催されることでも知られていたという。

気になったのは、もうひとつの説である。昔、飢饉の際に、やむをえず牛を殺して食べたことがあった。牛を家族同様に扱ってきた地元の人々にとって、それはさながら共喰いにも等しい悲痛な行為であったに違いない。その牛の首をこの山に埋めたところ、祟りがあったので、以後、神として祀るようになったというのだ……。

そこで想起されるのが、先ほどうかがった神域にまつわるタブーの存在である。山そのものを牛を埋めた墓＝塚山と考えれば、昔から社殿がないことも、そこをみだりに侵せば祟りがあるとされていることも、納得がいくように思われる。

そこに思い到ったとき、ヒヤリとするような疑問が湧いてきた。殺された牛は、果たして一頭だけだったのだろうか……さっきまで相対していた牛像の山が、瞬間、血まみれの牛の首が堆積する凄惨な幻影と二重写しになって脳裡をよぎった。これぞまさしく「ぼっけえ、きょうてえ」である。

牛を殺して、その肉を神に供え、また人々も饗宴を張ってその肉を分かち合い、豊穣を祈願する〈牛殺しの神事〉は、世界の農耕民族のあいだで古来より執り行なわれてきた農耕儀礼だった。

佐伯有清は、その著『牛と古代人の生活』(18)の第四章「牛殺しの世界」で、東南アジア各地に今も残る神事の実態を通覧した後、次のように述べる。

犠牲の牛や水牛を屠るとき、祭場の前庭に立てられた屠柱か、部落の広場の神木のもとでおこない、刀か槍で刺し殺すのが一般的なようである。そして切りさいた肉、あるいは切りとった頭・内臓などを農耕神に供える場所は、田のなかの要石、あるいは石積みの祭壇が古い形であった。また祭りに参加した人びとのすべてが、犠牲動物の肉を食べて饗宴を催すのが、この種の儀礼の重要な要素であることも注意しておかなければならない。

佐伯は右に続けて、『古語拾遺』(19)所載の伝承――大地主神《おおとこころぬしのかみ》が農民に牛の肉を食わせて御歳神《みとしのかみ》の怒りを招いた話――を引き合いに出しながら、古代日本でも牛殺しの農耕儀礼が行なわれていたと主張しているが、田倉牛神社は、その立地条件の点でも、起源にまつわる伝承の点でも、右と符合する部分が多いのだ。

符合といえば、そもそもクダンの予言自体が、豊作や疫病流行など、農耕民の生活に直結した吉凶を判じる性格のものであったことが想起されよう。

「この辺りに、クダンの伝承は残っていませんか?」

勢い込んで光友さんに訊ねたところ、船上でのラフカディオ・ハーンさながら、

「聞いたことありませんねえ」と、あっさり否定されてしまった。

大正の内田百閒、平成の岩井志麻子と並ぶ昭和のクダン作家といえば、あまりにも高名な「くだ

んのはは」の作者・小松左京[20]であるが、その掌篇「牛の首」は、世にも恐ろしいと噂される怪談「牛の首」に取り憑かれた語り手が、その実体を知ろうと探究を重ねたあげく、一種、ミイラ取りがミイラになってしまうが如き皮肉な結末を迎える。

私の〈クダン〉狩りもまた、似たような結末と相成ったらしい。

その尻尾をつかまえかけた瞬間、幻影のクダンはスルリと身をかわし、牛神様の森の彼方へ駆け去ってしまったのだから。

〈注〉

（1）ラフカディオ・ハーン（一八五〇～一九〇四）。イギリスから帰化した英文学者。ギリシャに生まれイギリスで教育を受け、アメリカでジャーナリストとなる。一八九〇年にハーバー社の通信員として来日、島根県立松江中学校の英語教師となり、翌年に小泉セツと結婚、熊本の第五高等学校に移る。九六年日本に帰化し小泉八雲と改名。同年に上京し東京帝国大学英文学講師を経て早稲田大学に移るが、惜しくも急逝する。古い日本の風俗人情を愛し、随筆や小説を通してそれを世界に紹介した。主な作品に『霊の日本』、『怪談』、『心』など。

（2）小泉八雲「伯耆から隠岐へ」（平井呈一訳『日本瞥見記』恒文社／昭和三十九年）より。

（3）内田百閒（一八八九～一九七一）。小説家、随筆家、俳人。主な作品に『旅順入城式』、『贋作吾輩は猫である』、『阿呆列車』シリーズなど。

(4) レイ・ブラッドベリ（一九二〇～二〇一二）。叙情的な作風を有するアメリカの怪奇SF作家。主な作品に『火星年代記』、『華氏451度』、『何かが道をやってくる』など。

(5) 湯本豪一編『明治妖怪新聞』（柏書房、平成十一年）。

(6) 橋爪伸也『化物屋敷』（中公新書、平成六年）

(7) 水木しげる（一九二二～二〇一五）。日本を代表する妖怪漫画の第一人者。近年は世界中に妖怪（精霊）たちを求めて旅する、妖怪冒険家としても活躍した。主な作品に『ゲゲゲの鬼太郎』、『河童の三平』、『悪魔くん』など。

(8)『水木しげるの不思議旅行』（サンケイ出版、昭和五十三年。後に中公文庫、二〇一六）「第1話　妖怪のミイラ」より。

(9)「件」の概要については、佐藤健二『流言蜚語』（有信堂高文社、平成七年）、とりみき『事件の地平線』（筑摩書房、平成十年）の先駆的二著および『幻想文学』第五十六号（アトリエOCTA、平成十一年）と『ムー』（学研）平成十二年三月号の特集を参照されたい。

(10)『総合日本民俗語彙』第二巻（平凡社、昭和三十年）より。なお、文中の「（霊）」とは、「妖怪・憑物」を意味する略号である。

(11) 柳田國男（一八七五～一九六二）。民俗学者、農政学者。幼少より文学的才能に恵まれ、文壇の作家たちと交流する一方、東京帝国大学卒業後は、農商務省に入省する。明治四十二年には、日本民俗学の誕生を告げる民俗誌「後狩詞記」を発表する。主な著書に『遠野物語』、『民間伝承論』など。

(12)『岡山県大百科事典』（山陽新聞社、昭和五十五年）より。

(13) 岩井志麻子(一九六四～　)。郷里岡山の土俗的な恐怖を題材とするホラー系の作品を手がける小説家。主な作品に『ぼっけえ、きょうてえ』『岡山女』など。なお、「ぼっけえ、きょうてえ」とは、岡山地方の方言で「とても、怖い」の意。
(14) インタビュー「くだん小説に挑む！」(『幻想文学』第五十六号、アトリエOCTA、平成十一年)より。
(15) 『岡山県大百科事典』所収の「クダン」の項の執筆者でもある。
(16) (岡山文庫、昭和五十二年)
(17) 田倉牛神社＝野上牛頭天王宮の所在地は、岡山県備前市吉永町福満九八九番地の二。
(18) (至文堂、昭和四十二年)。
(19) 大同二年(八〇七)成立の史書。斎部広成が斎部氏の衰微を嘆じて、氏族の伝承を記し朝廷に奉ったもの。
(20) 小松左京(一九三一～二〇一一)。日本を代表するSF作家。「くだんのはは」は日本の怪奇幻想短篇の傑作中の傑作。主な作品に『日本アパッチ族』、『日本沈没』、『果しなき流れの果に』など。

(初出「第九章　未来を予言する怪物、件を追う」『日本怪奇幻想紀行　一之巻　妖怪／百鬼巡り』同朋舎・発行／角川書店・発売、二〇〇〇年所収)

第四章　クダンの地獄

●――別府・怪物館

姉は血を吐く、妹は火吐く、可愛いトミノは寶玉《たま》を吐く。
ひとり地獄におちゆくトミノ、地獄くらやみ花も無き。
鞭で叩くはトミノの姉か、鞭の朱總《しゆぶさ》が気にかかる。
叩け叩きやれ叩かずとても、無間地獄はひとつみち。
暗い地獄へ案内《あない》をたのむ、金の羊に、鶯に。
革の嚢《ふくろ》にやいくらほど入れよ、無間地獄の旅支度。
春が来て候《そろ》、林に谿《たに》に、くらい地獄谷七曲《ななまが》り。
籠にや鶯、車にや羊、可愛いトミノの眼にや涙。
啼けよ鶯、林の雨に妹戀しと聲かぎり。

啼けば反響《こだま》が地獄にひびき、狐牡丹の花がさく。

地獄七山七谿《ななやまななたに》めぐる、可愛いトミノのひとり旅。

地獄ござらばもて来てたもれ、針の御山《おやま》の留針《とめばり》を。

赤い留針だてにはささぬ、可愛いトミノのめじるしに。


（西條八十「トミノの地獄」）

扨《さて》ここより西方にあたりて園内地獄とて火気強き地獄三ヶ所あり　いにしへよりいひつたへたる處　爰《ここ》の社坊の中に至て貪欲なる僧有りて　財をむさぼり積ること夥《おびただ》しといへども聊《いささか》も人にほどこし憐れむ心なく　老いに随ひて頻《しき》りに非道の行ひのみ積りけるに　一夜のほどに其園内に件《くだん》の地獄わき出て　積み集る處の財と共に僧も地獄に陥落しけるとかや　今も此地獄に臨《のぞみ》て坊主ぼうずと呼べば　坊主のごとき泥土をふきあげていかるがごとく見えけると也

（伊島重枝『鶴見七湯廼記』より）


ここに一葉の、セピア色をした写真がある。

昭和初期に撮られたものだという。

横長の画面前景には、色柄とりどりな和服に揃いの白いエプロン姿をした娘さんたちが、ひいふ

八幡地獄怪物館

うみい……全部で九人一列に並び立ち、やや緊張した面もちで、こちらを見つめている。

問題は、その背景だ。

柵のようなものの上に、横長の大きな看板が掲げられている。ちょうど娘さんたち九人分と同じくらいの横幅がある。

中央には、妖艶な人魚が斜《はす》にその身を横たえ、その右に大きく、当時流行していたアールデコ調の書体で、「八幡地獄怪物館」の文字。

そうして人魚の左側には、次のごとき面妖なる口上が書き連ねられているではないか！

「怪物館には
人魚（にんぎょ）
鵺（ぬえ）
河童（かっぱ）

件（くだん）
身長一丈二尺余の
鬼の骨も有り」

これはいったい、何なのだろう……。

ちょうどその当時、日本でも公開されていたはずのトッド・ブラウニング監督一代の異色作『怪物団』（一九三二）を当てこんだ、いかがわしい巡回興行、因果見世物の絵看板でもあろうか⁉

しかしそれにしては、手前に居並ぶ娘さんたちは、今ならさしずめファストフード店のバイト嬢といった物腰で素人然としており、漂遊民の末裔らしき面影は微塵もない。

実はこの写真、大分県別府市の観光施設「八幡地獄」の入口付近で撮影されたものなのである。

ここでいう「地獄」とは、火山の周辺や温泉地などにある、噴煙や熱湯、熱泥が絶えず噴き出している場所のこと。

海地獄、山地獄、金龍地獄、かまど地獄、血の池地獄、鬼山地獄……別府には現在でも、怖ろしげな名前の冠された〈地獄〉が、市内の鉄輪、亀川地区などに点在し、それぞれの特色を活かした名物や施設で観光客招致を競っている。

ひとくちに地獄といっても、その様態はさまざまである。本物の「血の池」を彷彿させる真っ赤な熱湯を湛えた血の池地獄、神秘的なコバルト色をした広大な海地獄、周期的に高々と間欠泉を吹き上げる竜巻地獄、なぜか大量のワニたちが飼育されている鬼山地獄……その中のひとつ「かまど地獄」に足を踏み入れた私を出迎えたのは、竈さながら底部から熱気を噴き出す岩山の上に仁王立ちする赤鬼のキッチュな作り物だった。

ここは規模こそ小さいものの、数種類の地獄が一ヶ所に集中しているので、有名なのだという。こぽっ、こぽっ、と見るからに粘っこい黄土色の泥の中から、小児の頭ほどもある泡が沸きたっては弾け散り、強烈な硫黄臭と濛気があたりにたちこめている。

「さあさあ、よ〜く見ていてくださいよ。これから実験を致します。このタバコの煙をフッと吹きつけると、ずっと離れたあちらの水面から、白煙が上がりますからね!!」

案内人の実演に、おおおッ、と見物客からどよめきが上がる。

温泉卵ならぬ〈地獄卵〉や蒸し饅頭を商う売店や、怪しげな土産物店が軒を連ねる園内のたたずまいは、デパート屋上の遊園施設、それも平日の昼下がりのそれを、どことなく連想させた。

別府における〈地獄〉の存在は、遠く古代から〈湯井〉の名で知られていたようで、『豊後国風土記』速見郡の条に、すでに「赤湯泉」「玖倍理《くぼり》湯の井」の記載が見える。

後者は別名を「怒り湯」というのであるが、これは人が湯井の近くで大声を出すと、熱泉が驚き鳴って、二丈余も奔騰することから名づけられたものだという。

驚異的かつ神秘的な大地のエネルギーを、目の当たりにした古人の率直な畏怖の念をうかがわせる奇聞といえよう。

天平神護元年（七六五）七月、別府西方の鶴見岳が突如大爆発し、付近の人畜、田畑に被害を与えた。別府郷土文化研究会編『別府今昔風土記』によれば、このときの焦熱地獄さながらの惨状を目にした里人によって、それまでの〈湯井〉という呼称が〈地獄〉に変えられたのだとか。

別府一帯に地獄を現出させる地熱と地殻変動の大元である鶴見岳ばかりでなく、各処の地獄もまた、しばしば爆発を起こしたり、熱泉の湧出・枯渇を繰り返してきたという。

地下のマグマは気まぐれな龍のごとく、ときおり身じろぎしては、地上の人々を周章狼狽させるものらしい。

江戸時代に入ると、地獄見物はすでに別府湯治行の定番コースとなっていたようで、幾多の文人墨客が紀行文を残している。

其の西の山際に海地獄とて池あり。熱湯なり。広さは二段ばかり上の池よりわき出づ。上の池広き方六間ばかり、其の辺岩の色赤し。岩の間よりわき出づ。見る者おそる。先年、里人妻其の夫といさかいて大いにいかりしが、此熱湯に身をなげけるに、頓《やが》て身はただれさけて、其の髪ばかり浮かび出る。

先年、村民の牛二ツたたかひて突合しが、あふれて二疋共に此池におつ。忽《たちまち》肉身とけて只其骨のみ湧上りしと云ふ。

右はどちらも、貝原益軒『豊国紀行』（一六九四）の一節である。先の『豊後国風土記』の逸聞や、冒頭に掲げた伊島重枝『鶴見七湯廼記』の一節もそうだが、別府の地獄には、こうした気色の悪いエピソードが、なぜか古来より拭いがたくまとわりついている。

私自身、探訪の途中で古老の口から、類似の投身自殺にまつわる風聞を、声をひそめるようにして、幾度か聞かされたものだ。

それらはたんに〈地獄〉という怖ろしげな名称が、自然に招き寄せたものにすぎないのだろうか、それとも……。

招き寄せる、といえば、そもそも〈クダン〉と〈地獄〉の取り合わせには、なにがなし宿命的なものがある。

現在までに確認されている限りにおいて、日本最古のクダン図像は、もっぱら唱導師たちによって、絵解きに用いられた地獄絵図の中に見出されるからだ。
そこでは、畜生道の点景として、しばしば人頭牛身をして地獄の責苦にあえぐ亡者の姿が認められるのである。

●――東京・両国

国技館や江戸東京博物館に程近い瀟洒なマンションの一室で、上品な物腰の老婦人から手渡された黒いアルバムの中に、冒頭に掲げた「八幡地獄　怪物館」の写真を見つけだしたときの感慨と驚愕は、とうてい一語に尽くせるようなものではなかった。

話はそれからひと月近く前にさかのぼる。

小学館の青年漫画誌「ビッグコミック・スピリッツ」編集部から私のもとへ、とある照会の電話がかかってきた。

漫画家の柴田亜美さんが、同誌増刊号で連載を始める「妖怪探訪漫画」の第一回で〈クダン〉を取り上げることになったので、アドバイスをお願いしたい、とのこと。どうやら、同朋舎の『日本怪奇幻想紀行　一之巻　妖怪／百鬼巡り』に私が寄稿した「未来を予言する怪物、件を追う」という一文に目をとめてくださったらしい。

〈クダン〉ハンターを自認する私に、否やのあろうはずもない。

相談の席上、私は、どうせこれから取材をするのなら、今まで調査の及んでいない地域とテーマを選んでは……と提案して、一冊の資料を示した。

水木しげる翁の『日本妖怪大全』である。同書の「くだん」の項には、次のような注目すべき一節が記されているのだ。


「別府の〝地獄めぐり〟というところに行ったとき、『くだん』の〝剝製〟を見ておどろいた」


クダン探求の先覚者である漫画家のとり・みき氏は、著書『事件の地平線』所収の「牛の人」連作で、いち早く右の水木翁の記述を取り上げている。

その結果、子供のころ「別府温泉のミイラの展示」で、牛頭人身のくだんを目撃したという読者からの情報が寄せられ、さらに知人を通じて、別府の「地獄組合」（地獄施設の経営者で組織された団体）に照会をおこない、「その中の鶴見地獄という温泉に確かに昔は展示されていたようだが、今ではどうなったか担当の方もまったくご存じないという」ことを突きとめたのであった。

やはり、とり氏も注目しているのだが、クダンと別府の接点は、もうひとつあった。

橋爪紳也氏が『化物屋敷』という研究書で紹介している「仮設観物場開設願」という史料である。これは大正十五年（一九二六）に兵庫県城崎で催された見世物興行の施設建造に際して官憲に提出された文書なのだが、その中の「明細書」に、次の記載が見える。

一、模型ノ件
頭二ツ上人間下牛、身体牛
製作者大分県別府市西立田町
標本制作所　道場小太郎氏

どうやら、かつて別府には、くだんの作り物を制作する工房が「西立田町」に存在し、地元の「鶴見地獄」には（右の工房と関係があるか否かは不明だが）クダンの剝製が展示されていたらしいのである。

具体的な地名が二ヶ所も特定されている以上、たとえ現在、肝心のクダンの剝製の行方は不明であっても、現地へ出かけて取材を試みる価値と成算は十二分にある……と、まあ、いささか希望的観測を交えて力説した甲斐あってか、第一回の探訪地は別府に決定、私も〈妖怪博士〉的な怪しげな役まわりで同行することになった。

幸運にも別府には、担当編集者であるH青年の大学の先輩T氏が、大分放送（OBS）記者として赴任していた。地方取材で、地元の事情や人脈に通じた人物の協力が期待できるのは、大いに心強いことである。

事実それ以降、T氏―H青年ラインからは続々と、有意義な事前リサーチ報告がもたらされることになる。

西立田町は、現在の末広町付近にあたること。

鶴見地獄はすでに廃止され、現在は跡地に「鶴見山霊泉寺」という寺院が建てられていること。

なにより驚愕させられたのは、問題のクダンの剥製を、みずから焼却処分したという人物が見つかったことであった。右の霊泉寺の所有者で不動産会社を経営する御仁である。

「クダンの剥製、焼かれちゃってましたぁ～」

もはや取材は終わったかのような情けない声を出すH青年を、私は叱咤激励した。

確かに剥製の現物が処分されてしまったことは痛恨事だが、しかし、これは今までの目撃情報から大きく一歩を踏み出すための有力な手がかりである。

別府のクダンは、今ようやく風聞の彼方から、その姿を覗かせようとしていた……。

●――大分・別府

十一月下旬、別府入りした私たちは真っ先に、同市南立石八幡町の霊泉寺に隣接して事務所をかまえる件の社長氏を訪ねた。

「あ～あんなもの作り物だよ、作り物！　もうボロボロでね、ぶよぶよしていて汚らしいし気持ち悪いから、焼いちゃってくれ、と業者に頼んで処分してもらったんだよ」

磊落《らいらく》な口調で一気にまくしたてる社長氏。

鶴見地獄は、「別府の宝塚」と謳われた鶴見グランドホテルの経営者が元のオーナーで、隣接する八幡地獄などとともに、別府市街から最も近い地獄地帯として、明治時代から行楽客を集めていた。

しかし戦後は斜陽化が進み、昭和五十三年に社長氏が買収したのだという。当初は宅地を造成する計画だったが、跡地に五百十七体の羅漢像が放置されているのが見つかり、因縁を感じて霊泉寺を建立したのだとか。

クダンの剝製は、現在は水子地蔵堂の建物がある丘の斜面に沿って点在していた、祠のような場所に安置されていたというが、その来歴に関しては何も御存知ないとのことだった。

ひとしきりお話をうかがったあと、境内を案内していただいた。

本堂裏手の高台には、今も盛んに熱湯の沸き立つ「鶴見地獄」があった。裏山に埋もれていたのを改めて安置したという古びた五百羅漢との対比が、なかなかに怪しい雰囲気を醸し出している。

〈嗚呼、ここにかつて〈クダン〉の剝製が……〉

濛気に煙る境内を見下ろしながら、感慨にふける一行だった。

翌朝、電話連絡のとれた事情通のホテル経営者氏と、別ルートで探し当てた、地元の昔に詳しい酒販店のお婆さんと、期せずして双方の口から、決定的な情報がもたらされた。

クダンの剝製は、もともとは鶴見地獄ではなく、隣接する「八幡地獄」に展示されていたもので、詳しいことは市内でフォト・スタジオを営む、同地獄経営者の親族の方にうかがえば分かるはずだ、というのだ。

早速、教えられたフォト・スタジオの社長氏に連絡をとったところ、急なアポイントメントにもかかわらず、快く面会に応じてくださった。

しかもその結果判明した事実は、私たちの予想を超えたものだったのである。

八幡地獄には、クダン以外にも数種類の怪物の剝製や「鬼の骨」が展示されており、しかも売店では、それらを撮影した絵葉書まで販売されていたというのだ！

「お電話いただいてから急いで探してみたんですが、いま手元にはこれしかありません」

そう言って示されたのは……クダンならぬ巨大な鬼の骨格写真。

経営者だった久保田孝氏（故人）のお孫さんにあたるという社長氏は、御母堂や釣具店に嫁いだ

鬼の骨格（絵葉書）

妹さんに幾度も連絡をとり、懸命に写真類を探してくださったのだが、なにぶんにも昔の話、しかも突然のオファーとあって、「どこかに保管してあるはず」とおっしゃるものの、なかなかその所在は判明しない。

　後刻、妹さんのお店と御母堂のお住まいにも直接うかがってみた。

「私も見ましたよ、鬼の骨と、なにか犬みたいな気持ちの悪い動物の剥製の写真……」

と妹さん。

い、犬みたいな動物って!?　もしかして、クダンのことだろうか!?

私たちが来訪する直前まで、お宅の押入や物置を大捜索してくださっていたという（感謝の言葉もない）御母堂の証言は、さらに具体的だった。

　それによると、八幡地獄閉鎖後しばらくの間、怪物の剥製は久保田家に保管されていたが、その後、鶴見地獄に貸与したのだという。

　また、鬼の骨は、大分県の某寺院に供養料をつけて納められたそうな。

「絵葉書の原板を、確かどこかに取っておいたはずなのですけどねぇ……」

うーん、残念。帰りの飛行機の時間が迫っていた私たちは、原板発見の際は必ずご連絡くださいと繰り返しお願いして、後ろ髪をひかれる思いで別府を後にしたのだった。

●——ふたたび、東京・両国

帰京から数日後、私たちは久保田孝氏のお嬢さま（四人姉弟の長女）である喜美さんが、娘さん御一家と同居するお宅を訪問して、詳しくお話をうかがう機会を得た。

その際、挨拶もそこそこに示されたのが、本稿の冒頭に掲げた「怪物舘」の記念写真と、もう一点……クダンならぬ「鵺」の剥製の絵葉書だったのである！

喜美さんの記憶によれば、八幡地獄では、入場料とは別に五銭の見料をとって「怪物舘」に展示された剥製を公開し、隣接する売店では、件、鵺、人魚、河童——四枚一組の怪物絵葉書が、赤い袋に収められて売られていたという。

怪物舘は、地獄の入口から坂を上がって、粘土地獄や、鬼の骨が安置された「鬼の岩屋」を通り過ぎた、いちばん奥まったあたりに建てられていた。四体の怪物の剥製は、それぞれガラス・ケースに納められて展示されており、そのうち人魚と鵺は横長の、件《くだん》と河童は縦長のケースだった覚えがあるという。

してみると、八幡地獄のクダンは（とり・みき氏の「牛の人　その三」に掲げられている目撃例のスケッチのように）牛頭人身だった可能性もある（ただし、喜美さん御本人の記憶によれば「顔は人間だったと思う」とのことで、真相は判然としない）。当時、この種の展示をしていた地獄は、他になかったそうだ。

創業者の久保田孝氏は、四国・伊予の出身だったが、若いころに別府へ来て、福岡の鉱山主が所有していた八幡地獄の土地を借り受け、営業を始めた。地獄経営のかたわら、自分でも趣味にしていた写真館を繁華街に開業したり、地獄の湯気を利用した事業を興したりと、進取の気概あふれる実業家として一代で成功を収めた、立志伝中の人物といってよい。

怪物舘設置のそもそものきっかけは、大正五年ごろに、「地獄に鬼はつきものだから」と、巡回興行の見世物で来ていた「鬼の骨」を買い取り、「この骨は、アフリカのコンゴ付近に生息していた鬼の……」云々という説明書を掲げて、見物客に公開したことにあったらしい。

大正三年生まれの喜美さんは、展示小屋ができるまで、買い取った骨が座敷に寝かされていたのを覚えているそうだ。

怪物舘が出来たのはそれよりもかなり後、喜美さんが昭和十一年に結婚して実家を離れるまでの娘時代のことだというから、おそらく昭和初年代だろう。勧めてくれる人がいて、当時、市内の浅見神社近くに住んでいた「ミチガミ」とかいう名前の人に注文して作らせたか、あるいはすでに作られていたのを買い取ったかして、新たに小屋を作って展示したのだという。

ここでいやでも思い出されるのが、大正十五年にクダンの模型を制作したという道場小太郎なる人物のことだ。その居住地とされる西立田町（現在の末広町付近）は、浅見地区とは隣町といってよい位置関係にある。時期的にも地理的にも、この名前の類似は、とても偶然とは思えないのだが……。

「もしかして、ミチガミではなくミチバではなかったですか⁉」

勢い込んで問い質《ただ》したけれども、なにぶん遠い昔のことゆえ記憶は定かではない、そうな。当然である。剝製購入の経緯を記憶してくださっていただけでも、大変貴重な手がかりであることは間違いないのだ。

八幡地獄は、終戦直後の混乱期に、地下の状態の変化で温泉の湧出が止まったことと、孝氏の逝去などが重なり閉鎖されたが、怪物館はその閉鎖直前まで営業を続けていたらしい。その後の焼却処分にいたる経緯は、すでに記したとおりである。

「要するに、生身の『件《くだん》』はまさに神出鬼没、いつ、どこに生まれ出るか分からないし、生まれてもすぐにその痕跡を消し去ってしまう。そして剝製の『件』もまた、一所不在を常とする見世物師のもとで漂泊を重ねたあげく、いずことも知れぬ旅路の果てへ消えてゆく……まるで

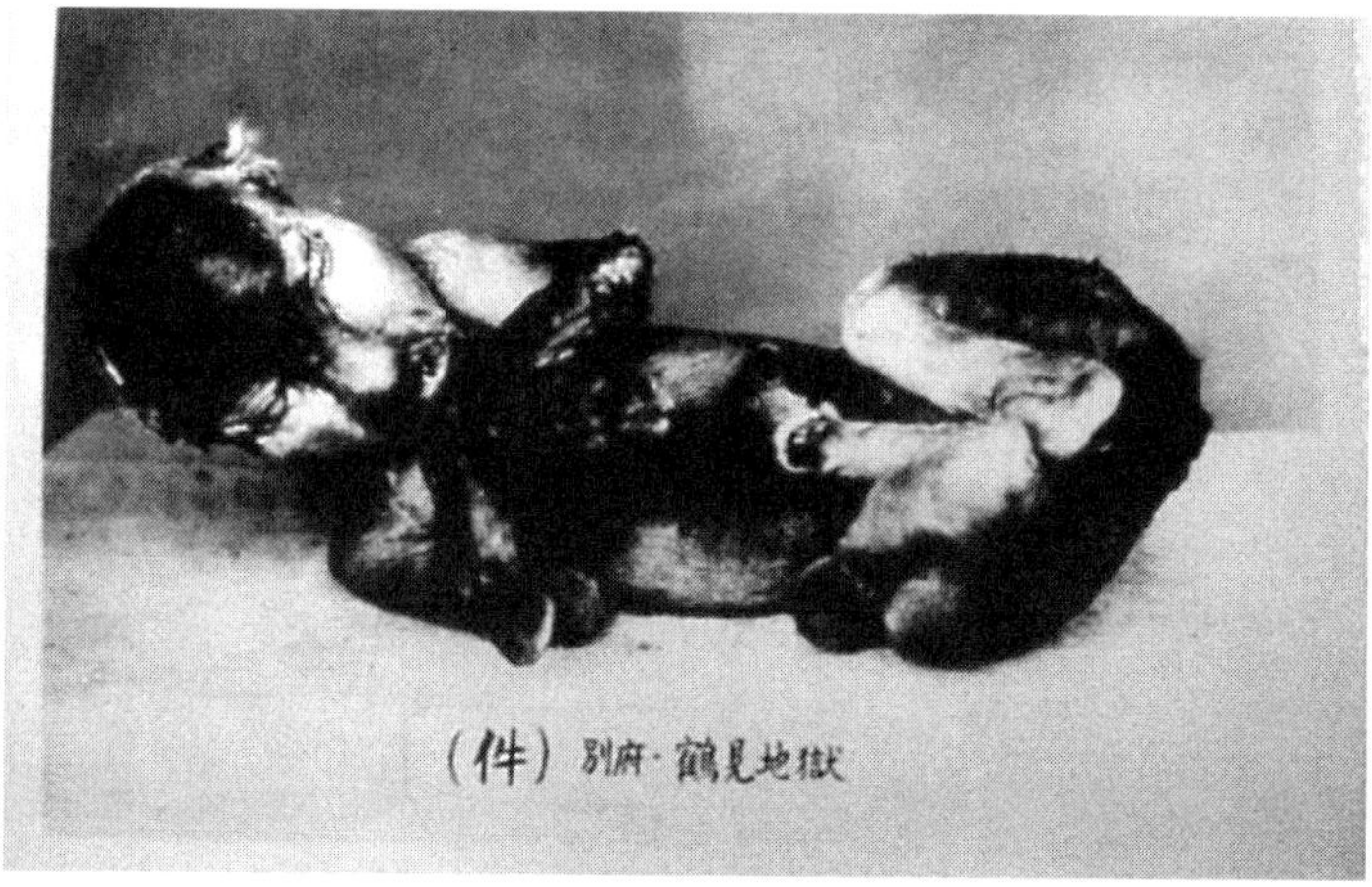

（件）別府・鶴見地獄

『件』とは、実態がつかめるようでつかめない噂や流言の同義語のようではないか」

これは先述の拙文「未来を予言する怪物、件を追う」の一節である。

今回の取材でもまた、伝説の妖獣は、まさにその尻尾を捕まえかけたと確信した瞬間、鮮やかな変わり身の術を披露し、代わりに「怪物舘」と「鵺」の剥製写真を残して（もちろんこれはこれで大発見だと思うが……）、別府地獄の濛気の彼方へ駆け去っていった。

とはいえ、クダンの存在が、これまでにもまして現実味を帯びてきたことは間違いないだろう。

久保田家とその周辺から、絵葉書の原板が発見される可能性は大いに残されているし、そもそも長年にわたり、多くの観光客の手に渡ったはずの「怪物絵葉書」である。
遠からず、その全貌が明かされる日が来るだろうことを、私はクダンに成り代わって、ここに〈予言〉しておきたいと思う。

（初出　高瀬美恵編集『噂のくだんちゃん』（同人誌）、二〇〇〇年一二月所収）

第五章　世紀末の妖獣クダンを追え

●——ミレニアム日本を徘徊する半人半牛の予言獣

クダンという言葉を御存知だろうか？　漢字で書けば「件」——事件、用件などの「件」であり、「くだんの人物は……」などと、すでに言及された事柄をさす意味でも用いられる。だがしかし、このクダンという言葉には、もうひとつの異様で薄気味悪い語義が、それも通常の国語辞典や百科事典の類には掲載されることのない特殊な用法が、存在するのだ。

クダン　動物の怪。九州・四国地方でいう。牛の子で人語を解する。そのいうこと一言は正しい。「よって件のごとし」という俗説を生じている。多くは流行病や戦争の予言をする。生まれて四、五日しか生きない。（千葉幹夫編『全国妖怪事典』小学館）

そう、クダンとは、人語をあやつる牛の化け物の呼び名でもあったのだ。

人とも牛ともつかない存在だから、「にんべん」に「うし」と書いて「件」――なんだか言葉遊びのようだが、後述するように、おもに中国地方から九州にかけての西日本一帯では実際に右に掲げたような伝承が広く分布しているのである。

いや、そればかりではない。

どういうわけか最近になって、このクダンが、民俗学や郷土史の書物を飛びだし、小説やコミック、ゲーム、さらにはインターネットなどの各種メディアを股にかけて、神出鬼没に徘徊をはじめているらしいのである。

たとえば、一九九九年夏にエニックス（当時）から発売された『せがれいじり』というプレイステーション用のゲームソフトには、メイン・キャラクターである〈せがれ〉くんの乗り物となるコミカル（だがちょっとグロテスク）な人面牛クダンが登場する。サブ・キャラクターにもかかわらず、なかなかの人気者らしく、キャラクター・グッズ（携帯ストラップである）まで発売されているのには驚かされる。

ちなみに『せがれいじり』の作者であるCGアーティストの秋元きつね（二〇一四年に四十六歳で逝去）は、それ以前にも『人面牛』というビデオを自主制作したり、みずから有限会社「件」を設立するなど、クダンに対してなみなみならぬ思い入れがあるように見受けられる。

しかしながら、クダンへの思い入れという点で筆頭に挙げるべき人物は、なんといっても漫画家のとり・みきだろう。

一九九八年にようやく単行本化された「くだんのアレ」（『事件の地平線』筑摩書房、所収）の中で、とりは「牛の人」と題する全四章をクダン探求についやし、連載中（一九九五〜九六年）に読者から寄せられた情報なども交えて、その謎めいた全貌に肉迫している。

「牛の人」は、今にいたるも貴重な情報源としての価値を減じていない、クダン探求の先駆的リポートだが、一方で、とりはクダン伝説を独自の伝奇ロマン的解釈で物語化した短篇コミック「パシパエーの宴」（『幻想文学』第五十六号所収、アトリエOCTA）も執筆しているのだ。

とり・みき『事件の地平線』（筑摩書房、一九九八）

　文学の世界では、戦前に内田百閒「件」（『冥途・旅順入城式』岩波文庫、所収）、戦後に小松左京「くだんのはは」（後述）というクダン小説の二大傑作があるが、九九年度の日本ホラー小説大賞を受賞した岩井志麻子のデビュー短篇集『ぼっけえ、きょうてえ』（角川ホラー文庫）にも、

小松左京『くだんのはは』
（ハルキ文庫、一九九九）

「依って件の如し」と題する岡山の土俗的幻想に満ちた佳作が収録されていた。

　ちなみに小松の短篇「くだんのはは」は、石ノ森章太郎による漫画化（講談社「月刊別冊少年マガジン」一九七〇年四月号掲載／角川ホラー文庫『歯車』所収）との相乗効果もあってか、後述するように戦後のクダン伝説普及に最も寄与した作品と考えられるのだが、同作を初めてタイトル・ロールに冠した作品集『くだんのはは』（ハルキ文庫）が刊行されたのも、やはり奇しくも九九年のことだった。

「くだんのはは」が、実は阪神地方に流布する「牛女」の怪談に由来することを初めて明らかにした怪談実話集〈新耳袋〉シリーズ（メディアファクトリー）の著者である木原浩勝と中山市朗が、新宿ロフトプラスワンで開催している怪談イベント（現在は木原氏が単独で開催中）の席上、聴衆から最も熱心な質問が飛ぶのも、やはりクダンに関する情報なのだとか。

　さらに！　クダンの怪しい噂は、とうとうブラウン管を通じて、お茶の間にまで到達した。人気絶頂のアイドル・グループ「ＳＭＡＰ」のメンバーがホスト役をつとめる番組『サタ★スマ』（フジテレビ系列／二〇〇二年に放送終了）が、夏の怪談企画として「牛女＝クダン」を取りあげたのだ。

深く静かに過熱しはじめたクダンへの関心に呼応するかのように、一九九九年十月にはクダンの総特集を組む酔狂な文芸雑誌（前掲『幻想文学』第五十六号の「特集＝くだん、ミノタウロス、牛妖伝説」）までが出現、同誌の関連ホームページや書評系・怪談実話系サイトを巻き込んで、ネット上で時ならぬクダン・フィーバーが巻き起こるにいたった。

ところで、一千年に一度の大世紀末＆ミレニアム真っ盛りのこの時期、何故これほどまで、クダンに関心が集まっているのだろうか？

その答えはおそらく、戦災や天変地異の予言をする妖獣というクダンの特性のうちに見いだされるのではないだろうか。

クダンの出現・目撃談には、ふたつのピークがある。

ひとつは江戸時代末期、文政～天保から幕末にいたる時期。

いまひとつは、昭和初頭から終戦にいたる時期。

ふたつの時期の共通点は、明らかだろう。かたや天保の大飢饉、かたや昭和の大恐慌といった、深刻な経済危機と社会不安が蔓延する一方、倒幕運動や太平洋戦争へと発展する軍靴《ぐんか》の響き、天下大乱の予感が日増しに高まっていった時代である。

ひるがえって、現在（二〇〇〇年）――ノストラダムスの終末の予言も、Ｙ２Ｋ（西暦二〇〇〇年問題）もとりあえずは不発に終わったものの、長引く不況や相次ぐ原発事故、凶悪猟奇犯罪など、社会不安の要因は一向に後を絶たない。

はたしてミレニアムのクダン・フィーバーもまた、間近に迫っているやも知れない天変地異や戦乱の不気味な予兆なのだろうか？（九・一一同時多発テロもイラク戦争もインド洋大津波も、この時点ではすべて未来の出来事だった、もちろん東日本大震災も、空前のコロナ禍も……）

●――悪疫除けの絵姿／巡回興行の剥製／文献に見えるクダン像

クダンの起源は、意外なほど新しいようだ。

もちろんそのルーツをたどれば、中国の志怪書に記された半人半牛の異常出生譚や神農伝説、ギリシア神話における牛人ミノタウロスの伝説などにまで、遙かに遡りうるものかもしれない。

また、図像的には、平安末期頃から、諸国流浪の絵解き比丘尼《びくに》らによって広められた地獄絵図の中に、クダンの御先祖様とおぼしき人面牛の姿を認めることもできる。いわゆる畜生道の世界だ。

しかしながら、予言を告げる半人半牛の妖獣という特性を身に帯びたクダンが、文献上に姿を現わすのは、近世も後期に入ってからなのである。

クダンの伝承を、歴史社会学の立場から系統的に考察した先駆的著作「クダンの誕生」（『流言蜚

クタベの描かれた瓦版（大阪府立中之島図書館＝蔵）

語』有信堂高文社、所収）の著者・佐藤健二によれば、最初の目撃例は文政十年（一八二七）頃、場所は越中立山であるという。

　ただし、このときの呼び名はクダンではなく、クタベもしくはドダクという奇っ怪なものだった。もっともドダクは「くたべ」のくずし字を誤読して伝わったとする説もあるらしいが。

　薬草採りを生業とする男が、立山の山奥で「クタベ」と名のる人面獣と出会う。

　クダベは男に「これから数年間、疫病が流行して多くの人が死ぬが、私の姿を筆写した絵図を見たものは災厄を免れる」と告げる。

　このため各地で、クタベの絵図を厄除けに所持することが流行ったという。

　クダンとしての初出は、現在確認されてい

天保七年の件出現を報じる瓦版（徳川林政史研究所＝蔵）

るところでは、天保七年（一八三六）と記載のある瓦版らしい。これは関連書にもよく引用される基本文献なので全文を現代語訳してお目にかけよう。

大豊作を知らせる件という獣

天保七年十二月、丹波の国・倉橋山の山中に、図の如く体は牛、顔は人に似た件という獣が現われた。この件は、宝永二年十二月にも現われたことがあり、翌年から豊作が続いたと昔の本に書いてある。件という文字は、人偏に牛と書いて件と読ませる。そのように正直な心の獣であるがゆえに、証文の文末にも必ず「件の如し」と書くのである。

この絵図を貼っておけば、家内繁昌して

疫病にかからず、一切の災いを免れ大豊年となる、まことにめでたい獣である。
丹波国与謝郡何某板

もう一点、明治維新直前の慶応三年（一八六七）四月の日付がある「件獣之写真」と題する瓦版も有名だ。こちらはやや長文なので要旨を記すと――

件という獣は昔から知られており、文政年間にも現われた。その年の吉凶を告げ、わが絵姿を家内に貼れば厄難を除くといって三日で死んだ。

件は牛の腹から産まれ、体は牛、顔は人間で、頭に角を生やし、よく人語を話す。それで人偏に牛と書くのだ。

この四月に雲州（出雲地方）の田舎で件が産まれ、今年より諸国大豊作となるが、初秋の頃から悪疫が流行する、と吉凶を予言して三日で死んだ。その次第を広く伝えるため、ここに図を載せた。皆これを買い求めて家内に貼り、厄難を除いていただきたい……云々とあって、やはり最後に「依って件の如し」という慣用句の由来に説き及んでいる。

なお「件の如し」という言い回しはすでに平安中期の『枕草子』などにも見えており、クダンと関連づけた解釈が後世の付会、俗説であることはいうまでもない。

クダン出現の噂が次にピークを迎えるのは、先述のとおり第二次世界大戦の時期なのだが、実はその間にも、クダンは西日本各地に秘かに出没していたらしい。

それも、瓦版の絵図どころか、なんと剥製になって！

これには由緒正しき見聞報告がある。証言者は『怪談』『骨董』などの名著でおなじみの小泉八

「件獣之写真」と銘打たれた瓦版・慶応三年
（湯本豪一記念日本妖怪博物館（三次もののけミュージアム）＝蔵）

雲ことラフカディオ・ハーンである（本書第三章を参照）。

●――戦時下に囁かれたというクダンの予言とは？

近世から幕末にかけてのクダンは、豊作や疫病といった民衆の生活に直結する禍福の予言者であり、また、その絵姿を家内に貼ることで厄除けの効験を顕わすという意味で、現世利益の民間信仰的性格を強く感じさせるものだった。

しかし近代以降、クダンにまつわる風聞は、おおらかな土俗の宗教色よりも、流言蜚語《りゅうげんひご》あるいは都市伝説と呼ぶほうがふさわしい、一種神経症的な色合いを次第に深めてゆく。

岡山在住の妖怪研究家・化野燐氏より御教示をいただいた「中国民報」昭和六年（一九三一）五月三十日号の次の記事は、その先触れとして非常に興味深い。原文のまま引用する。

グロ流言

岡山県赤磐郡西部各村では最近「くだん」が生れて男の子を取り殺すと云う流言が盛んに伝えられ『氏神へ黒豆を持って参れば難を免れる』などと云って神仏へ参詣するものが増えた――三一年に相応しからぬ農村グロ風景の一つ。

これはいかにもエロ・グロ・ナンセンスの風潮たけなわな世相を反映した記事であるが、ここでは厄除けの効験どころか、クダンそのものが凶兆と化してしまっている趣だ。

同じく禍々しい予言の例として、やはり化野氏より御教示いただいた次の一文を掲げておこう。雑誌「民間伝承」昭和十二年（一九三七）二月号の会員通信欄に掲載された「クダン」と題する報告の一節である。

（前略）この信仰は現在でも山陰山陽四国九州の各地にまだ残存している。広島市内にはこのクダンを商標とする家伝薬があり、鳥取出身の会員は関東大震災を予言したクダンの話を記憶しているし、会員山田次三氏は満州事変当時『来年は大戦争と悪疫で国民の大半が死ぬ。免れようと思うなら豆を煎って七つの鳥居をくぐれ』と云った話を聞いた。（後略）（広島民俗学同好会）

関東大震災を予言！

大戦争と悪疫で日本が壊滅!?

七つの鳥居をくぐれぇ？

――実になんともワクワクするような（令和の現在を予言するかのような）怪しげなる御託宣であ

るが、それはさておき、ここでも、クダンの絵姿の御利益はすっかり影をひそめ、たんに厄除けの方法を告知するだけの存在となっている。

ちなみに、その方法がどちらの報告でも「豆」に関わっているのは注目に価しよう。なぜならそれは、第二次大戦中に流布した次のような噂へとつながってゆくように思われるからだ。

神戸地方では「件」が生まれ、自分の話を聞いた者は、これを信じて三日以内に小豆飯か「オハギ」を喰えば空襲の被害を免れるといったそうだ。(三一書房『近代庶民生活誌4　流言』所収の「三月中ニ於ケル造言飛語」より)

これは流言蜚語の取り締まりにあたった憲兵隊作成の資料に記録されていたもので、松山市在住の職工が、町中で耳にした噂を知人に漏らしたものだという。

右の史料には他にも「岩国市のある下駄屋に『件』が生まれ、来年四、五月頃には戦争が済むと云った」という昭和十八年(一九四三)当時の噂も記録されている。

大戦末期、クダンが終戦を予言したという噂は、西日本一帯にかなり流布していたらしく、とり・みき「牛の人」にも、作家が熊本出身の実父から聞かされた話として「昭和二十年の春ごろ、どこかでクダンが生まれ『今年ノオ盆ニハ戦争ガ終ハルカラ赤飯ヲ炊イテ祝フヤウニ』と予言したという噂」を耳にし、それが的中したので驚いた、というエピソードが紹介されている。当時、神戸一中の生徒として、勤労動員に駆り出される毎日を送っていた小松左京も、そんなクダンの噂を耳にしたひとりだった。

中学生のときに、地元でクダンを見たという話を聞かされたんですよ。あるお屋敷で、洗面器いっぱいの雑炊《ぞうすい》みたいなものを置いておいて、そのあとは見ちゃいけないよ、と。あとで行ってみると、血染めの包帯が置いてある、という……いまでいう都市伝説みたいなものですが、そのクダンは要するに因果ものなんだけど、予言能力があるとも言われていて、実際に伊勢のほうで生まれたクダンが「戦争は終わる」と言ったという流言蜚語が、当時、流れていた。それから戦後になって、芦屋でクダンが生まれたっていう話を、うちに来て、してくれた人がいまして。

「ぼっちゃん、知ってはります、クダンというのはにんべんに牛と書くからくだんなんですよね」とね。で、そのクダンが生まれたという家は、大空襲のときに本当に無事に残るんですよ。残ったのはクダンがいたからだろうと。これも流言ですがね。とにかく怖い話だな、と思って。

（「幻想文学」第五十四号掲載のインタビュー「原風景としての終末幻想」より）

このときの見聞をもとに執筆されたのが、前にも触れた名作ホラー短篇「くだんのはは」（初出は「話の特集」一九六八年一月号）である。

通常のクダンとは逆に「牛頭人身」をした牛娘にまつわる忌まわしくも哀切なこの戦中奇談は、小松ホラーの代表作として各種の怪奇幻想小説アンソロジーや自選作品集に繰りかえし収録され、大いに人口に膾炙《かいしゃ》した。

だが、しかし……クダンの伝承になじみの薄い東日本では、多くの読者が、この作品のストーリーを、作者の独創の産物と信じて疑わなかったフシがある。当時、同作を収録したアンソロジーの解説で、素材となった伝承に言及した例を私は知らない。

とはいえ、かく申す私もまた御多分に漏れない。おそらくは内田百閒の短篇「件」と「くだんのはは＝九段の母」の語呂合わせが着想の元では……などと漠然と考えていたのだった（なお、とり・みき「牛の人」によれば、小松が百閒の「件」を読んだのは、「くだんのはは」執筆よりも、かなり後のことだという）。

そんな私の思い込みが根底からくつがえされたのは、忘れもしない一九九〇年――『新・耳・

袋』（扶桑社）と題された一巻の画期的な怪談実話集によってであった（『新・耳・袋』がもたらした〈クダン・ショック〉とクダンをめぐる怪談文学誌については、本書第二章を参照）。

●――首が牛か、胴体が牛か、クダンと牛女の怪しい関係

『新耳袋　第一夜』（メディアファクトリー／角川文庫）の第十二章「〝くだん〟に関する四つの話」は、戦後久しく忘れられていたクダンの伝承が、実は都市伝説に姿を変えて、秘かに生き永らえていた実態を、白日のもとにさらけ出した。

同章に語られる四話の内容を要約すると、次のようになる（とはいえ、怪談は語り口が身上。同書を未読の方は、ぜひとも原文を味わって、慄《ふる》えていただきたい）。

［第九十四話　牛の顔をした女］
西宮の甲山に植物採集に出かけた中学教師が、赤い着物を着て口から血をしたたらせた牛頭の女を目撃した。

［第九十五話　甲山の祠］
甲山付近にあった祠（半人半獣の妖怪を封じたという伝説がある）が空襲で焼失した際、焼跡で動物の死骸を貪り喰らう着物姿の牛女が目撃された。

［第九十六話　座敷牢に閉じ込められていたもの］
芦屋・西宮間が空襲で壊滅する直前、座敷牢に牛頭の娘が閉じ込められた屋敷（肉牛商だったという）の噂があり、その焼跡に、娘の着物を着た牛女が顕われた。
［第九十七話　六甲の〝うしおんな〟］
六甲山の裏手に、丑三《うしみ》つ時（午前二時）になると母子の幽霊が出没する神社があり、「丑女＝うしおんな」と通称されている。

まさに「くだんのはは」のルーツここにあり、といった趣だが、注意すべきは、ここにいたって伝統的なクダンの特色が、ほぼ完全に姿を消している点だろう。
いま試みに、クダンと西宮の牛女の特色を対比してみよう。

［クダンの特色］
一、人面牛身である。
二、人語をあやつり予言をする。
三、牛から生まれる。
四、その絵姿が厄除けとなる。

［牛女の特色］

一、牛面人身である。

二、口をきかない（らしい）。

三、人間から生まれる（らしい）。

四、その姿を見ることが禁忌となる。

ごらんのように、両者の特色は見事なくらい正反対なのだ。

『新耳袋』の共著者である木原浩勝が最近、あるインタビュー（「幻想文学」第五十六号掲載）に応えて、クダンと牛女を区別すべき、と主張していたのも、あながち故ないことではない（なお、木原氏はその後も粘り強くクダン探索を続け、ついに二〇〇四年、剝製の実物を群馬県某所で発見するという快挙を成し遂げた）。

とはいえ、即断は禁物だろう。

たとえ牛女がクダンのネガというべき存在であるとしても、その見事な対称性は、両者の抜き差しならない関係を、逆に示唆しているともいえるのだから。

一方で、これまで概説してきたように、近代化・都市化の過程で、クダンの伝承自体が変質してきたという側面もある。

はたして西宮の牛女は、クダンの最終変化形態（柳田國男風にいえば零落した姿？）なのだろうか。それとも両者は本来、まったく別系統の伝承なのか。

そしてまた、これら半人半牛伝説の背後、歴史の闇には、何が秘められているのだろうか。

かくして私たち「ムー」取材班は、実際に現地を踏査して、クダンの謎を探る旅へと出立することにしたのである。

探訪に向かうに先立ち、私は『新耳袋』の共著者で放送作家の中山市朗氏に会見を申し入れた。中山氏は超古代史にも造詣が深く、クダン伝承の淵源に海部《あまべ》＝渡来人による燔祭《はんさい》儀礼の影を見るユニークな論考（「幻想文学」第五十六号掲載「甲山の〝くだん〟の正体」）をものされているからだ。

中山氏は、クダンと牛女の異同を、どのように受けとめられているのだろうか？

「う〜ん、確かに形態は違うんですけど、僕はそれは解釈が違うだけじゃないかという気がするんです。たとえば六甲山のローリング族の目撃談では、〝牛の体で般若《はんにゃ》の顔〟ですが、これはクルマを追いかける便宜上、四本足でドドドッと追いかけてくるほうが、怖い（笑）。逆に、ヌッと立ってこちらを見るのなら、牛の顔をしていたほうがいいだろうし……。むしろポイントは、牛と人間とが混合したという点にあるんじゃないか。

『新耳袋』の第九十六話でいうと、昔、西宮に牛の製肉場があって、そこのお手伝いをしていたおばあさんが〝あの家の母屋には座敷牢があって、家族しか近づけない。どうもこの家の娘がいるらしい。それは牛の化け物じゃなかろうか〟と言ったというのは、おそらく想像じゃないかと思うんですね。何がいるのか分からないけれど、そこでは代々家業として牛を殺してきた。その祟りがあるとすれば、きっと牛の化け物じゃろう……と。そこの焼跡に牛女が出た後日談も、もとはおばあさんの空想に発していて、周りの人も〝ああ、そうやったら、そうに違いないわ〟――僕はこれがクダンの原点じゃないかな、と思うんです。

西宮の牛女が、いわば地域限定の怪談で、人面犬とか口裂け女みたいに広まらなかったのも、そこに理由があるんじゃないか。その土地だから根付くものであり、他の土地にいったら通用しない独特のものなのかな、とね。それだけ根が深い、シャレにならないものなんじゃないですかね。

昔、牛を殺す神事をやっている様子を、村人がこわごわ目撃する。牛を生贄《いけにえ》にする所作が、人と牛が交尾をしているように見えたかもしれない。牛というのは村人にとっては、大事な家族同然のものじゃないですか。それを生贄にするだとか、ヘンな儀式をして崇め奉ってるだとかということになると、噂として〝あそこには行かんほうがええ、行ったら牛の子供を産まされるぞ〟と（笑）。それが牛女のイメージになって、ずっと語り継がれてきたんじゃないかというように僕は思うんですけどね」

●――志麻子も「きょうてえ！」 牛像が山なす神社とナメラスジなスポット

クダン狩りにいくなら～
気をつけておゆきよ
クダン狩りは素敵さ
ただ生きて戻れたら～

……学研「ムー」編集部員が熱心に合唱する、中島みゆきの名作「キツネ狩りの歌」の縁起でもない替え歌に送られて、私たち取材班は、キツネ狩りならぬクダン狩りの旅へと出発した。

最初の目的地は、岡山県の和気《わけ》郡吉永町（現在の備前市吉永町）である。

クダン狩りの起点に岡山を選んだのには、もちろん理由がある。岡山県は以前からクダンの目撃談が絶えない土地柄であるのに加えて、日本民俗学の父・柳田國男が、クダン伝承の発生地を中国山地の備中側であろうと想定していたからだ。

柳田は実際に、弟子の千葉徳爾を現地調査に派遣しており、千葉は首尾よく豊永郡字豊国でクダンを目撃した老人たちから話を聞くことができたという（山陽新聞社『岡山県大百科事典』より。しかし……郷土事典にクダンの項があるのは、日本広しといえども岡山だけではなかろうか⁉）。

もうひとつ、より直接的な理由もあった。過日、「依って件の如し」の作者・岩井志麻子さん（以下「シマコ」と略称）にインタビューした際、とても興味深い話を聞かされたのである。シマコさんの故郷・和気町の東隣、吉永町田倉《たくら》に、牛を御神体とする風変わりな神社があるというのだ。境内には備前焼でできた牛の小像が何万と山積みされていて、その異様な風景は、子供心に強烈な印象を残すものだったとか。

牧畜・農耕の盛んな地域では、牛馬を祀る小祠や塚の類は珍しくないけれども、そこまで大規模かつネイティブな牛神信仰が存続している例は珍しいだろう。クダン狩りの成功祈願にも最適だしなぁ……と、より詳しい情報を求めてシマコさんにメールをお送りしたところ、思いがけない返信がもたらされた。なんと、クダン狩り取材への同行を申し出られたのである！（田倉牛神社取材の顛末は、本書第三章を参照）

最後に、クダンとは直接関係ないものの、いかにもシマコさんにふさわしいホラーな出来事があったことを申し添えておこう。

これから地元のテレビ局に向かうという彼女のためにタクシーを呼んでもらい、案内役の光友氏宅の筋向かいに建つ某診療所前で待機していたときのことである。

見れば、その診療所は閉鎖されて久しいらしく、建物の内部は荒れ果てていた。

「ああ、そこはナメラスジですから……」

光友氏のなにげないひと言に、わたしもシマコさんも凍りついた。

ナメラスジとは、魔物の通り道のことである。岡山などでは、その上に家を建てたりすると決まって不幸や怪異に見舞われるといって怖れられている。事実、その診療所も、それ以前に開業していた運送会社もすぐに潰れてしまい、その後は借り手もないまま放置されているのだという。

ホラー大賞受賞作「ぼっけえ、きょうてえ」の中で、ナメラスジに言及しているシマコさんも、現場を目の当たりにするのは初体験だったとか。

「きょうてぇぇぇ!?」（岡山弁で「怖い」の意）という悲鳴のような絶叫を残して、シマコさんを乗せたタクシーは、田倉の夕闇へ消えていった。

●――兵庫甲山に怪奇牛女の幻影を訪ね歩いて

だがしかし、シマコさんを笑って見送った私たちにも、その後しっかり「きょうてえ」な事態が待ち受けていようとは……。

岡山を後にして次なる目的地・兵庫へ移動した私たちは、六甲山を南（表六甲）から北（裏六甲）へ山越えしようとしていた。

あわよくば、裏六甲のドライヴウェイに出没するという人面牛身の牛女を捕獲できるのでは……

そんな牛神をも畏れぬムシのよい思惑が災いしたのだろうか。

ふと見ると、対向車の屋根に白い塊が。

「ゆ、雪ぃ!?」

十二月とはいってもまだ初旬、しかも天気は晴朗だ。なにやら狐につままれた面持ちの取材班一同。しかし標高が上がるにつれ、濃霧にかすむ森は一面の銀世界に変わり、路面にも凍結した残雪が目立つようになってきた。

S字カーブの続く山道、チェーン無しではスリップが怖い。ハンドルをにぎるカメラマン氏の表情が、刻一刻と険しくなっていく。

峠の茶店めいたコーヒーショップに立ち寄って様子を聞くと、この先は路面凍結で道路閉鎖になっている可能性がある、という。クダン狩りで本当に遭難しては洒落にならない。迂回路を経由して、ようやく西宮の市街地に入ったときには、取材前だというのに皆、ひと仕事終えた気分になっていた。そのときである。

ふと見れば前方に、こんもりと盛り上がった特徴ある山容が!

「本当に、兜《かぶと》そっくりだな」

西宮のシンボルとして市民に親しまれる一方、牛女怪談発祥の地とも噂される甲山《かぶとやま》であった。六甲山系の東端に位置するトロイデ式塊状火山で、神功《じんぐう》皇后が国家鎮護のため、山頂に如意宝珠《にょいほうじゅ》と武

西宮市甲山・神呪寺遠景

具一式を埋めたという伝説にちなんで、この名がある。

まずは、中腹にある甲山神呪寺《かんのうじ》へ向かった。一見おどろおどろしい名称に思えるが、「神呪」とはありがたい真言のことで、別に怪しげな意味はない。「甲山大師」の名でも親しまれている名刹であり、天長五年（八二八）に淳和天皇の妃・如意尼《にょいに》が創建したと伝えられる。

通例ならばここで、住職を訪ねてお話をうかがうところだが、今回はナシ。実は事前に連絡をとった際、クダン関連の取材は一切お断りです、何も申しあげるようなことはございません、と丁重に謝絶されてしまったのだ。クダン全否定。次に向かう鷲林《じゅうりん》寺《じ》も、同様の反応であった。

牛女の怪談が広まり、マスコミに取りあげられるようになって以来、深夜に集団で見物に訪れる若者たちが急増したのだとか。寺側の困惑も無理からぬところではあろう。

猟奇怪異趣味で寺社を訪れることを私は決して否定しないが（こうして実践してるのだから当然だが……）、目的はどうあれ、聖域に参入するにはそれ相応のマナーがあることを忘れないでほしい、と自戒も込めて申しあげておこう。

かくして、いささか後ろめたい思いを抱きつつ、一般の参詣者をよそおって、寺史が記された小冊子を購入、阪神市街と大阪湾を一望する展望所に腰を下ろすと、早速ページを繰った。

真っ先に目を惹くのは、やはり開基・如意尼の出自である。彼女は、またの名を真名井御前《まないごぜん》といい、丹州与謝郡《よさ》の人、丹後一の宮である籠神社《この》の家系だという。

与謝郡といえば、すでに紹介した天保七年のクダン誕生地ではないか！

しかも、籠神社＝海部一族とクダンの因縁については、中山市朗氏が前記「甲山の〝くだん〟の正体」で力説するところでもある。

如意尼の巫女《みこ》めいた側面にも注目すべきだろう。

夢に甲山を幻視した如意尼は皇居を出奔し、侍女二人だけを連れて、夢に見た約束の地へと到る。

そこは野辺に百合が咲き、地中より五色《ごしき》の雲気湧き出でるかと思えば、向かいの山からは黒気を吐く大蛾が飛来し、山頂に紫雲たなびく異界であった。

そこへ女神（広田明神）が顕われ、この地は昔、わらわが宝を埋めた「摩尼《まに》の峯《みね》」であるから、ここに仏宇を建立せよ、と告げる。そこで如意尼は甲山に弘法大師を勧請《かんじょう》し、その教示によって、前山の大蛾、西の峯の大鷲、八面八臂《はちめんはっぴ》の鬼（麁乱神《そらんしん》）を封じ、ついに開山を果たしたというのだ。

モスラ（大蛾）・ラドン（大鷲）・キングギドラ（八面八臂の鬼）さながらの怪獣大行進縁起といった趣だが、肝心の牛女の痕跡は……と、さらにページを繰るうち、ひとつ興味深い記載を見つけた。

中世以来、甲山は近隣農民にとって恰好の牛放牧場となってきたらしいのである！

海部の血統、シャーマニックな巫女、修験系呪術の影響を感じさせる（甲山は役行者《えんの》の修行地でもある）開山縁起、牛放牧場――状況証拠は十分なのだが、肝心の牛女に直結するような証左は得られなかった。

さらなる手がかりを求めて、私たちは鷲林寺へ足を向けた。

甲山から真西へ二キロほど離れた山中に、六甲山鷲林寺がある。神呪寺の創建から二年後の天長十年（八三三）に、弘法大師が創建した古刹である。

火炎を吐いて大師の入山を阻もうとする大鷲（甲山のラドンと同一か？）を桜の霊木に封じ込め、その木で本尊の十一面観音と鷲不動を刻んだことが、寺名の由来だという。

右の縁起にも明らかなように、神呪寺と鷲林寺は、きわめて密接な関係にあったとおぼしい。

本堂下の石垣の一角に、八大龍王を祀る洞窟があった。牛頭の像が安置されていると噂の立った洞窟は、これなのだろうか。

入口横には、洞内に蛇が棲みついている旨、注意をうながす立て札が掲げられていて、なるほど怪しげな雰囲気ではある。とはいえ、そのような像の存在は、寺側によってハッキリ否定されているのだが……。

神呪寺のときと同様、びくびくしながら由緒書を頂戴し（小心な私）、境内を歩きまわってみたのだけれど、『サタ★スマ』で紹介された「牛女の塚」なるものも、それとおぼしき場所は見当たらない。

六甲山鷲林寺本堂下の八大龍王堂

本堂の裏手、霊園にいたる坂道を上がったところに、小さな荒神社《こうじんしゃ》があった。由緒書によれば、大師が「八面臂《はちめんぴ》の荒神」（甲山の麁乱神と同一か）を祀ったものとか。
社前で拝礼し、ちょっと失礼して祠の内部を覗きこむと、そこに――牛がいた！
田倉牛神社でいやというほど目にした牛の小像

鷲林寺本堂裏手にひっそりと建つ荒神堂

＊六甲山鷲林寺の荒神堂、平成十八年建立の案内板によれば麁乱荒神を祀る。
現在は牛の像は置かれていない（2021.10確認）。同寺のHPには、かつて牛の像が置かれていたのは牛が荒神の眷属だからであり、これが西宮市街で伝えられていた牛女の噂に結び付けられたのだとある。鷲林寺ホームページ（牛女伝説の真実） http://www5b.biglobe.ne.jp/~jurinji/ushionnadensetsu.html （2021.11閲覧）〔白澤社編集部〕

が一体、ここにも鎮座していたのである。冷静に考えれば、荒神社に牛の像が祀られるのは決して珍しいことではないのだが、なにせ場所が場所である。

はたして、鷲林寺にまつわる牛頭像の噂は、この荒神社の牛に起因するものなのだろうか？

●――もうひとつの甲山に妖しく揺曳する古代殺牛儀礼の残影

クダン狩りどころか、牛女の幻影に翻弄されるまま、私たちは最後の目的地である丹後半島の久美浜に向かった。

兜山（かぶと山）川上谷川土手より

出発直前になって、なんと同地に、もうひとつの甲山が存在することが、インターネットのネットワークを通じて判明したからである（貴重な情報をお寄せいただいたネット関係者各位、とりわけ「角銅」氏と「イダ」御夫妻に深く感謝します）。

おまけに、そこには「かぶとやま」とセットで「かんのうじ」と呼ばれる寺まであるらしいという未確認情報も飛び込んできた。

むむむ、これは絶対に、何かある。

急場のことゆえ、事前のリサーチ抜きで現地へ向かった私たちを待ち受けていたのは、まさに甲山とうりふたつといってもよい兜山の山容だった。

風光明媚な久美浜湾を望む食堂で遅い昼食を済ませ、ものはついでと店の御主人に訊ねてみた。

「クダン？　牛女ぁ⁉　聞いたことないねえ。兜山の人喰岩《ひとくいいわ》なら有名だけどね」

兜山の人喰岩
白い岩肌から露出する赤土が口のように見える。

かぶと山園地案内板

ひ、ひ、人喰い岩ですとぉ!?

兜山の中腹に、古くから神石（磐座《いわくら》）として崇められてきた巨岩がある。遠望すると、それが人面に見え、しかも、その口にあたる部分が、岩の含有成分のためか赤っぽく見えることから、いつしか人喰岩と呼ばれるようになったらしい。

「ここからも見えるよ」

お礼の言葉もそこそこに戸外へ飛び出し、山腹に目をこらしてみたが、肉眼ではちょいとキツい。カメラマン氏のかまえる望遠レンズを通してアップで眺めると……なるほどそれらしき岩肌が目に飛び込んできた。

兜山山頂の熊野神社

ともかくも現地へと急ぐ。予定外の遠征となったため、取材に割ける残り時間が少ないのだ。

幸いにも兜山の山頂までは、一気にクルマで上がることができた。登山道の途中に「古代祭祀場跡」の立て札を目撃。甲山と同様、典型的な神南備《かむなび》型の山容をしたこの山は、太古の昔から神の宿る山として崇められてきたのだろう。

山頂に鎮座する熊野神社は、遠く神代、崇神《すじん》天皇十年勧請《かんじょう》と伝わる式内社で、熊野郡の総社《そうじゃ》にあたる。祭神は伊弉諾尊《いざなぎのみこと》。由緒正しき古社だが、現在は訪れる人も少ないのか、寂れた印象をぬぐえない。古びて文字もかすれ気味の案内板を苦労して判読していると、気になる記述にぶつかった。

山麓の甲山寺《こうざんじ》（兜山寺に非ず）と、山頂の社《やしろ》の中間に升池《ますいけ》――別名を「閼伽《あか》の井」という池がある。かつては、その池の霊水を汲み上げて山頂に登り、雨乞いの神事が執り行なわれていたというのだ。

一方、問題の人喰岩は、急峻な山腹から突き出していて、苦労して近くまで行ってみたものの、肝心要《かなめ》の人面側は見ることすらかなわない。ここは早々に切り上げて、麓にあるという甲山寺を訪ねることにした。

熊野山甲山寺は、天平八年（七三六）、行基《ぎょうき》菩薩の開山と伝えられ、山上の熊野神社の別当寺である。あいにく御住職が不在で詳しいお話を聞くことができなかったのだが、西宮における「甲山―神呪寺」という対関係から類推するに、噂の「かんのうじ」とは、この寺のことではないかと考えられないこともない。

ちなみに兜山の東側に神野《かんの》という土地があるものの、「かんのうじ」という名の寺は付近に現存しないようであった。

カメラマン氏と担当編集の獅子堂が、寺域を撮影している時間を利用して、私は升池を探し、寺の裏山へと分け入った。

ところが、どういうわけか、行けども行けどもそれらしき池は見当たらない。西日が陰り、撤収の時間が刻々と迫る。

……というわけで結局、現場を確認することができず心苦しいのだが、私なりの仮説を以下に記しておこう。

文化人類学者・石田英一郎の名著『河童駒引考』（岩波文庫）がいち早く明らかにしたように、洋の東西を問わず、神話やフォークロアの世界で、牛と水神は不即不離の関係にあった。

また、佐伯有清『牛と古代人の生活』（至文堂）によれば、雨乞いに際して水辺で牛を殺す儀礼が、古来日本各地で行なわれていたという。同書の一節を引く。

> 兵庫県加東郡の村々では、雨乞いに、赤牛の首を切って滝に投げこむと雨が降るといわれ、広島県双三《ふたみ》郡八幡村の矢淵の滝の藤蔓に、血の滴たる仔牛の生首が二つぶらさがっているのを村人が発見し、大さわぎしてひきおろしたが、その夜から大雨が降った。古老の言によると、この滝に人目につかぬよう牛の生首をつるすと雨があるといわれているので、誰かがひそかに雨乞いをしたのだろうという。

兜山の雨乞い儀礼がどのようなものであったのか、その詳細は不明だが、そこに牛が関与した可

兜山遠景
京都丹後鉄道かぶと山駅裏より。

能性はかなり高いのではなかろうか。なぜなら、その東麓には今でも、京都府内で有数の牧場が存在するのである。

加えるに、生贄《いけにえ》、人身御供《ひとみごくう》を連想させずにはおかない「人喰岩」の不気味な伝説。

そういえば、甲山の牛女の目撃談には、次のような一節がつきものだったのではないか?

「そしてその〝牛〟は、口から血をしたたらせていたのである」(『新耳袋　第一夜』第九十四話)
「口のまわりを血だらけにして」(同　第九十五話)

いかがだろう。

山腹に人面岩を擁する兜山が、あたかも海辺

兜山から望む久美浜湾

にうずくまる、一頭の巨大なクダン／牛女の姿に見えてはこないだろうか。

甲山と兜山の奇縁は、実はまだある。

久美浜湾の西、兜山と向かい合う位置に宝珠《ほうじゅ》山《さん》という山がある。その山腹に、かつて如意寺《にょい》という真言宗の寺があった（現在は西本町に移転）。

甲山寺と同じく行基菩薩の開山で、山上と海中を往還する怪火を目にした行基が、海士《あま》に網を引かせると如意宝珠を得た。それを納めるために創建した寺だという。本尊は十一面観音……そう、その由来と寺名、位置関係は、甲山―神呪寺―鷲林寺を彷彿させずにおかないのだ。

しかも丹後は、西宮の神呪寺を創建した真名井御前の故郷であり、海部一族の本拠地でもある。

瀬戸内から中国山地を経て、丹後半島へたどりついた、クダン狩りの旅。

それは遠い昔、牛殺しの秘儀をたずさえ、遠く大陸より渡来した人々の秘められた足どりを遡行する道のりだったのかもしれない。


〈追記〉

白澤社編集部は、熱心にも今回写真撮りのため、西宮から久美浜方面へと赴いた。そこで新たに判明した事実を二件、お知らせしておきたい。

まずは「人喰岩」に関する異伝。その名も「人喰い岩」と名づけられた日本酒を製造販売している木下酒造さんに掲示されていた説明書きによれば――〈人喰岩は別名『ババ岩』ともよばれ、久美浜町の兜山にあります。ババ岩には伝承も残されています。兜山にいた鬼婆は、毎日里へ下りてきては人を食べていました。そのことを知った兜山の山頂に

日本一恐ろしい地酒！
木下酒造の辛口酒「玉川 人喰い岩」のおどろおどろしいラベルは日本画家・坂根克介氏によるもの。

郵便はがき

料金受取人払郵便

小石川局承認

6032

差出有効期間
2022年9月25日
まで

112-8790
105

（受取人）
文京区関口1―29―6
松崎ビル202

白澤社

行

この度はご購読ありがとうございました。下記にご記入いただきました情報は、小社刊行物のご案内や出版企画の参考以外の目的では利用いたしません。

ご購入
書　名

お名前　　ご職業／学校　　年齢　　歳

ご住所　〒

電話番号　　E-mail

この本をお求めの動機は?　ご覧になった新聞、雑誌名もお書き添え下さい。

1.広告をみて　2.書評をみて　3.書店で　4.人の紹介で　5.その他

よく読む新聞・雑誌名は?

新聞:　　雑誌:

●読者通信

書名

◆本書へのご感想・ご意見をお聞かせください。

◆本書タイトル、装幀などへのご意見をお聞かせください。

※ご記入いただきましたご感想・ご意見等を当社ブログ等で
1.掲載してよい　2.掲載しては困る　3.匿名ならよい

●ご注文書

当社刊行図書のご注文にご利用ください。ご指定の書店へまたは、直接お送りいたします。直送の場合は送料実費がかかります。

白澤社 発行／現代書館 発売	
書名	冊数

お届先:お名前	電話番号
ご住所	

ご指定書店	取次店番線 (小社で記入します)
所在地	
TEL	

ある熊野神社の神様が怒り、鬼婆の口に赤土を詰めこんで埋めてしまったのです。月日がたった後、鬼婆が岩となって現れたといわれています〉（京都精華大学制作「マンガ京・妖怪絵巻 第一〇三話人喰岩」京都新聞ジュニアタイムズ二〇一一年五月二日付）。

また、久美浜には「うしおに」に関する伝説もあるようだ。怪異・妖怪伝承データベースの「うしおに／ウシオニ」によると――〈久美浜湾で夜釣りをしていると、向こう岸から呼ぶ声がするが、舟をつけても誰もいない。陸にあがって声の主を探している間に、鯛とその餌がなくなっていた。帰路も迷ってなかなかたどりつけなかった。うしおににつけられたからだという〉〈雨の降る夜など、熟練の漁師でもどうしても目的の地点へ到達することができず、終夜休みなく船を操りつづけるような現象をうしおににつかるという〉（久美浜のウシオニについてはブログ「丹波・丹後の妖怪あつめ」の江藤学氏にご教示いただいた）。なるほど、牛の怪異つながりということで、ここに註記しておきたいと思う。御報告ありがとうございました！

（初出『妖怪伝説奇聞』学習研究社、二〇〇五年五月所収。本書収録にあたり加除修正を加えた。）

第二部　クダン文学傑作選

件

内田百閒

黄色い大きな月が向うに懸かっている。色計りで光がない。夜かと思うとそうでもないらしい。後《うしろ》の空には蒼白い光が流れている。日がくれたのか、夜が明けるのか解らない。黄色い月の面を蜻蛉《とんぼ》が一匹浮く様に飛んだ。黒い影が月の面から消えたら、蜻蛉はどこへ行ったのか見えなくなってしまった。私は見果てもない広い原の真中に起《た》っている。軀《からだ》がびっしょりぬれて、尻尾の先からぽたぽたと雫が垂れている。件《くだん》の話は子供の折に聞いた事はあるけれども、自分がその件になろうとは思いもよらなかった。からだが牛で顔丈人間の浅間しい化物に生まれて、こんな所にぼんやり立っている。何の影もない広野の中で、どうしていいか解らない。何故こんなところに置かれたのだか、私を生んだ牛はどこへ行ったのだか、そんな事は丸でわからない。

そのうちに月が青くなって来た。後の空の光りが消えて、地平線にただ一筋の、帯程の光りが残った。その細い光りの筋も、次第次第に幅が狭まって行って、到頭消えてなくなろうとする時、何だか黒い小さな点が、いくつもいくつもその光りの中に現われた。見る見る内に、その数がふえて、明りの流れた地平線一帯にその点が並んだ時、光りの幅がなくなって、空が暗くなった。そうして月が光り出した。その時始めて私はこれから夜になるのだなと思った。今光りの消えた空が西だと云う事もわかった。からだが次第に乾いて来て、背中を風が渡る度に、短かい毛の戦《そよ》ぐのがわかる様になった。月が小さくなるにつれて、青い光りは遠くまで流れた。水の底の様な原の真中で、私は人間でいた折の事を色色と思い出して後悔した。けれども、その仕舞の方はぼんやりしていて、どこで私の人間の一生が切れるのだかわからない。考えて見ようとしても、丸で摑まえ所のない様な気がした。私は前足を折って寝て見た。すると、毛の生えていない顎に原の砂がついて、気持がわるいから又起きた。そうして、ただそこいらを無暗に歩き廻ったり、ぼんやり起ったりしている内に夜が更けた。月が西の空に傾いて、夜明けが近くなると、西の方から大浪の様な風が吹いて来た。私は風の運んで来る砂のにおいを嗅ぎながら、これから件に生まれて初めての日が来るのだなと思った。すると、今迄うっかりして思い出さなかった恐ろしい事を、ふと考えついた。件は生まれて三日にして死し、その間に人間の言葉で、未来の凶福を予言するものだと云う話を聞いている。こんなものに生まれて、何時迄生きていても仕方がないから、三日で死ぬのは構わないけれども、予言するのは困ると思った。第一何を予言するんだか見当もつかない。けれども、幸いこんな野原の真中にいて、辺りに誰も人間がいないから、まあ黙っていて、この儘死んで仕舞おうと思う途端に西風が吹いて、遠くの方に何だか騒騒しい人声が聞こえた。驚いてその方を見ようとすると、又風が吹いて、今度は「彼所《あすこ》だ、彼所《あすこ》だ」と云う人の声が聞こえた。しかもその声が聞き覚えのある何人かの声に似ている。

それで昨日の日暮れに地平線に現われた黒いものは人間で、私の予言を聞きに夜通しこの広野を渡って来たのだと云う事がわかった。これは大変だと思った。今のうち捕まらない間に逃げるに限ると思って、私は東の方へ一生懸命に走り出した。すると間もなく東の空に蒼白い光が流れて、その光が見る見る内に白けて来た。そうして恐ろしい人の群が、黒雲の影の動く様に、此方へ近づいているのがありありと見えた。その時、風が東に変って、騒騒しい人声が風を伝って聞こえて来た。「彼所だ、彼所だ」と云うのが手に取る様に聞こえて、それが矢っ張り誰かの声に似ている。私は驚いて、今度は北の方へ逃げようとすると、又北風が吹いて、大勢の人の群が「彼所だ、彼所だ」と叫びながら、風に乗って私の方へ近づいて来た。南の方へ逃げようとすると南風に変って、矢っ張り見果てもない程の人の群が私の方に迫っていた。もう逃げられない。あの大勢の人の群は、皆私の口から一言の予言を聞く為に、ああして私に近づいて来るのだ。もし私が件でありながら、何も予言しないと知ったら、彼等はどんなに怒り出すだろう。三日目に死ぬのは構わないけれども、その前にいじめられるのは困る。逃げ度《た》い、逃げ度いと思って地団太をふんだ。西の空に黄色い月がぼんやり懸かって、ふくれている。昨夜の通りの景色だ。私はその月を眺めて、途方に暮れていた。

夜が明け離れた。

人人は広い野原の真中に、私を遠巻きに取り巻いた。恐ろしい人の群れで、何千人だか何萬人だかわからない。其中《その》の何十人かが、私の前に出て、忙しそうに働き出した。材木を担ぎ出して来て、私のまわりに広い柵をめぐらした。それから、その後に足代《あししろ》を組んで、桟敷《さじき》をこしらえた。段段時間が経って、午頃《ひる》になったらしい。私はどうする事も出来ないから、ただ人人のそんな事をするのを眺めていた。あんな仕構えをして、これから三日の間、じっと私の予言を待つのだろうと思った。なんにも云う事がないのに、みんなからこんなに取り巻かれて、途方に暮れた。どうかして今の内に逃げ出したいと思うけれども、そんな隙もない。人人は出来上がった桟敷の段段に上って行って、桟敷の上が、見る見るうちに黒くなった。上り切れない人人は、桟敷の下に立ったり、柵の傍に蹲《か》踞《が》んだりしている。暫らくすると、西の方の桟敷の下から、白い衣物を著《き》た一人の男が、半挿《はんぞう》の様なものを両手で捧げて、私の前に静静と近づいて来た。辺りは森閑と静まり返っている。その男は勿体らしく進んで来て、私の直ぐ傍に立ち止まり、その半挿を地面に置いて、そうして帰って行った。中には綺麗な水が一杯はいっている。飲めと云う事だろうと思うから、私はその方に近づいて行って、その水を飲んだ。

すると辺りが俄《にわか》に騒がしくなった。「そら、飲んだ飲んだ」と云う声が聞こえた。

「愈《いよいよ》飲んだ。これからだ」と云う声も聞こえた。

私はびっくりして、辺りを見廻した。水を飲んでから予言するものと、人人が思ったらしいけれども、私は何も云う事がないのだから、後を向いて、そこいらをただ歩き廻った。もう日暮れが近くなっているらしい。早く夜になって仕舞えばいいと思う。

「おや、そっぽを向いた」とだれかが驚いた様に云った。

「事によると、今日ではないのかも知れない」

「この様子だと余程重大な予言をするんだ」

そんな事を云ってる声のどれにも、私はみんな何所となく聞き覚えのある様な気がした。そう思ってぐるりを見ていると、柵の下に蹲踞んで一生懸命に私の方を見ている男の顔に見覚えがあった。始めは、はっきりしなかったけれども、見ているうちに、段段解って来る様な気がした。それから、そこいらを見廻すと、私の友達や、親類や、昔学校で教わった先生や、又学校で教えた生徒などの顔が、ずらりと柵のまわりに並んでいる。それ等が、みんな他を押しのける様にして、一生懸命に私の方を見詰めているのを見て、私は厭な気持になった。

「おや」と云ったものがある。「この件は、どうも似てるじゃないか」

「そう、どうもはっきり判らんね」と答えた者がある。

「そら、どうも似ている様だが、思い出せない」

私はその話を聞いて、うろたえた。若《も》し私のこんな毛物になっている事が、友達に知れたら、恥ずかしくてこうしてはいられない。あんまり顔を見られない方がいいと思って、そんな声のする方に顔を向けない様にした。

いつの間にか日暮れになった。黄色い月がぼんやり懸かっている。それが段段青くなるに連れて、まわりの桟敷や柵などが、薄暗くぼんやりして来て、夜になった。

夜になると、人人は柵のまわりで篝火《かがりび》をたいた。その燄《ほのお》が夜通し月明りの空に流れた。人人は寝もしないで、私の一言を待ち受けている。月の面を赤黒い色に流れていた篝火の煙の色が次第に黒くなって来て、月の光は褪せ、夜明の風が吹いて来た。そうして、また夜が明け離れた。夜のうちに又何千人と云う人が、原を渡って来たらしい。柵のまわりが、昨日よりも騒騒しくなった。頻《しき》りに人が列の中を行ったり来たりしている。昨日よりは穏やかならぬ気配なので、私は漸《よう》やく不安になった。

間もなく、また白い衣物を著た男が、半挿を捧げて、私に近づいて来た。半挿の中には、矢張り水がはいっている。白い衣物の男は、うやうやしく私に水をすすめて帰って行った。私は欲しくもないし、又飲むと何か云うかと思われるから、見向きもしなかった。

「飲まない」と云う声がした。

「黙っていろ。こう云う時に口を利いてはわるい」と云ったものがある。

「大した予言をするに違いない。こんなに暇取るのは余程の事だ」と云ったのもある。

そうして後がまた騒騒しくなって、人が頻りに行ったり来たりした。それから白衣の男が、幾度も幾度も水を持って来た。水を持ってくる間丈は、辺りが森閑と静かになるけれども、その半挿の水を私が飲まないのを見ると、周囲の騒ぎは段段にひどくなって来た。そして益《ますます》頻繁に水を運んで来た。その水を段段私の鼻先につきつける様に近づけてきた。私はうるさくて、腹が立って来た。その時又一人の男が半挿を持って近づいて来た。私の傍まで来ると暫らく起ち止まって私の顔を見詰めていたが、それから又つかつかと歩いて来て、その半挿を無理矢理に私の顔に押しつけた。私はその男の顔にも見覚えがあった。だれだか解らないけれども、その顔を見ていると、何となく腹が立って来た。

その男は、私が半挿の水を飲みそうにもないのを見て、忌ま忌ましそうに舌打ちをした。

「飲まないか」とその男が云った。

「いらない」と私は怒って云った。

すると辺りに大変な騒ぎが起こった。驚いて見廻すと、桟敷にいたものは桟敷を飛び下り、柵の廻りにいた者は柵を乗り越えて、恐ろしい声をたてて罵り合いながら、私の方に走り寄って来た。

「口を利いた」

「到頭口を利いた」

「何と云ったんだろう」

「いやこれからだ」と云う声が入り交じって聞こえた。

気がついて見ると、又黄色い月が空にかかって、辺りが薄暗くなりかけている。いよいよ二日目の日が暮れるんだ。けれども私は何も予言することが出来ない。だが又格別死にそうな気もしない。事によると、予言するから死ぬので、予言をしなければ、三日で死ぬとも限らないのかも知れない、それではまあ死なない方がいい、と俄《にわか》に命が惜しくなった。その時、駆け出して来た群衆の中の一番早いのは、私の傍迄近づいて来た。すると、その後から来たのが、前にいるのを押しのけた。その後から来たのが、又前にいる者を押しのけた。そうして騒ぎながらお互に「静かに、静かに」と制し合っていた。私はここで捕まったら、群衆の失望と立腹とで、どんな目に合うか知れないから、どうかして逃げ度いと思ったけれども、人垣に取り巻かれてどこにも逃げ出す隙がない。騒ぎは次第にひどくなって、彼方此方に悲鳴が聞こえた。そうして、段段に人垣が狭くなって、私に迫って来た。私は恐ろしさで起ってもいてもいられない。夢中でそこにある半挿の水をのんだ。その途端に、辺りの騒ぎが一時に静まって、森閑として来た。私は、気がついてはっと思ったけれども、もう取り返しがつかない、耳を澄ましているらしい人人の顔を見て、猶《なお》恐ろしくなった。全身に冷汗がにじみ出した。そうして何時迄も私が黙っているから、又少しずつ辺りが騒がしくなり始めた。

「どうしたんだろう、変だね」

「いやこれからだ、驚くべき予言をするに違いない」

そんな声が聞こえた。しかし辺りの騒ぎはそれ丈で余り激しくもならない。気がついて見ると、群衆の間に何となく不安な気配がある。私の心が少し落ちついて、前に人垣を作っている人人の顔を見たら、一番前に食み出《はだ》しているのは、どれも是も皆私の知った顔計りであった。そうしてそれ等の顔に皆不思議な不安と恐怖の影がさしている。それを見ているうちに、段段と自分の恐ろしさが薄らいで心が落ちついて来た。急に咽喉が乾いて来たので、私は又前にある半挿の水を一口のんだ。すると又辺りが急に水を打った様になった。今度は何も云う者がない。人人の間の不安の影が益《ますます》濃くなって、皆が呼吸をつまらしているらしい。暫らくそうしているうちに、どこかで不意に、

「ああ、恐ろしい」と云った者がある。低い声だけれども、辺りに響き渡った。

気がついて見ると、何時の間にか、人垣が少し広くなっている。群衆が少しずつ後しさりをしているらしい。

「己《おれ》はもう予言を聞くのが恐ろしくなった。この様子では、件《くだん》はどんな予言をするか知れない」

と云った者がある。

「いいにつけ、悪いにつけ、予言は聴かない方がいい。何も云わないうちに、早くあの件を殺し

てしまえ」

その声を聞いて私は吃驚《びっくり》した。殺されては堪らないと思うと同時に、その声はたしかに私の生み遺した倅《せがれ》の声に違いない。今迄聞いた声は、聞き覚えのある様な気がしても、何人の声だとははっきりは判らなかったが、これ計りは思い出した。群衆の中にいる息子を一目見ようと思って、私は思わず伸び上がった。

「そら、件が前足を上げた」

「今予言するんだ」と云うあわてた声が聞こえた。その途端に、今迄隙間もなく取巻いていた人垣が俄に崩れて、群衆は無言のまま、恐ろしい勢いで、四方八方に逃げ散って行った。柵を越え桟敷をくぐって、東西南北に一生懸命に逃げ走った。人の散ってしまった後に又夕暮れが近づき、月が黄色にぼんやり照らし始めた。私はほっとして、前足を伸ばした。そうして三つ四つ続け様に大きな欠伸《あくび》をした。何だか死にそうもない様な気がして来た。


底本＝「件」『内田百閒集成3　冥途』ちくま文庫、二〇〇二年所収。

くだんのはは

小松左京

戦時中、僕の家は阪神《はんしん》間の芦屋《あしや》で焼けた。昭和二十年の六月、暑い日の正午頃の空襲だった。僕はその時中学三年だった。工場動員で毎日神戸《こうべ》の造船所に通って特殊潜航艇を造っていた。腹をへらし、栄養失調になりかけ、痩《や》せこけてとげとげしい眼付きをした、汚《きた》ならしい感じの少年だった。僕だけでなく、僕たちみんながそうだった。

阪神間大空襲の時、僕達は神戸の西端にある工場から、平野《ひらの》の山の麓《ふもと》まで走って待避していた。給食はふいになるし、待避は無駄《むだ》になったので、僕達はぶつぶつ言った。芦屋がやられているらしいと聞いても、目前の疲労に腹を立てて、気にもかけなかった。またいつものように工場から芦屋まで歩いて帰るのだと思うと、情なくて泣きたくなった。神戸港から芦屋まで十三キロ、すき腹と疲労をかかえ、炎天をあえぎながら歩いて帰る辛《つら》さは、何回味わっても決して慣れる事はない。空襲があれば必ず阪神も阪急も国鉄もとまってしまい、翌日まで動かない事もあった。

その日も僕は工場が終わってから二、三人の友人と歩いて帰った。感覚のなくなった脚をひきずって枕木《まくらぎ》をわたって行くと、あちこちに茶色の煙が立ちのぼるのが見えた。沿線ぞいの一軒は、まだ骨組みを残してパチパチと炎をあげていた。芦屋の駅の近くまで来ると、僕はひどくとまどった。景色はすっかりかわってしまい、まるきり見なれぬ土地へ来たみたいだったからだ。僕の町の一角は、きれいさっぱり焼け落ちてしまい、まだ熱くてそばにもよれない赤土の山になっていた。所々にコンクリートの塀《へい》や石燈籠《いしどうろう》が残っていたが、あとは立木が一本まる裸になって立っているだけだった。僕は自分の家のあった所を見つけるのに、十分もかかった。見おぼえのある石の溝橋《みぞはし》でやっとそれとわかったのだ。——道の反対側には、国民服に鬚《ひげ》をはやした男が一人、薄馬鹿のように口をあけて立っていた。それが父だった。僕がそばに行っても、ふりむきもしなかった。「今夜どうする、父さん?」ときいても「うん」と言ったきりだった。その家は父が建てたもので、父の僅《わず》かな財産の一つだった。芦屋に家を建てて住むと言う事は、戦前にはなかなか大した事だったのであり、父はサラリーマンとして、規模こそうんと小さかったが、その望みをなしとげたのである。今父は、ほんの一握りの広さしかない焼け跡を見て、自分の希望、自分の財産のあまりの小ささに、呆然《ぼうぜん》としているようだった。

その夜僕たちが野宿もせずにすみ、また父の会社の寮まで、夜道を歩いて行かずにすんだのは、お咲さんのおかげだった。僕達親子が何をするにも疲れすぎ、一時間近くもそこに立ちすくんでいた時、いいいもんぺに割烹着《かっぽうぎ》の女の人が、焼跡の道をキョロキョロしながら歩いて来た。その人は僕達の方をすかすように見ると、急いでかけよって来た。

「まあ旦那《だんな》様、坊ちゃま、えらい事になって！」

とお咲さんは泣くような声を出して言った。

お咲さんはそのころ五十ぐらい、僕の家にずいぶん前から通っていた家政婦さんだった。子供好きで家事の上手《じょうず》な、やさしい人だった。僕はもう大きかったから、それほどでもなかったが、幼い弟妹達はよくなついていた。末の妹などは、病身の母よりもお咲さんに甘ったれてしまい、彼女はいつも妹がねつかなければ帰れない事になっていた。物を粗末にせず、下仕事もいやがらずにやり、全く骨惜しみしない――信じられないかも知れないが、昔はそう言う家政婦さんもいたのだ。一つはお咲さんが何かを信心していたせいだろう。妹が妙な手ぶりをおぼえたりしていたところを見ると天理教だったかも知れない。こうして三年以上も通ってもらったろうか。母が弟妹達を連れて疎開する時、お咲さんもやめる事になった。女手がなくなってしまうし、父と僕だけだと、昼間は全く無人になるからと言うので、もう少し通ってくれないかとたのんだのだが、義理のある仕事なので、まことに申し訳ないが、と言う返事だった。

「そのかわり御近所の事ですから、暇がございましたら参りますし、まさかの時は、向う様さえ大事なければ、必ずかけつけます」

「一体どこらへんなの？」と母はきいた。

「この下の、浜近くのお邸《やしき》でございます」

「あそこらのお邸だったら、お給金もいいんでしょうね」

と母は言った。あれほどつくしてもらっていながら、思う通りにならないといや味を言う。僕はそんなお嬢様根性のある母がきらいだった。

「お給金のためで参るのではございません――そりゃずい分頂けるそうですが。その家は体も楽だし、頂き物も多いのに何故《なぜ》だか家政婦が一週間といつかないんだそうでございます。それで会長から特に私がたのまれまして。――人のいやがる事、人が困っている時は、すすんでやれと言うのが、私共の御宗旨の教えでございましてね」

こうしてお咲さんは、お邸勤めにかわったが、その後も男世帯を時々見に来てくれ、たまった汚《よご》れ物を僅かの間に片づけたり、お邸からの貰《もら》い物らしい、その頃には珍しかった食物などを持って来てくれたりした。――その時も、駅前がやけたときいて、とるものもとりあえずかけつけてくれたらしい。お咲さんの顔を見ると、僕は気がゆるんで泣きたくなった。

「まあ、ほんとに何て御運の悪い。私、お邸の方も守らないといけないし、こちらさまも気がかりでやきもきしておりました」

「いいんだよ。お咲さん、これが戦争と言うものだ」と父はうつろな笑いを浮かべながら言った。

「でも、今夜おやすみになる所が無いんじゃございません?」

僕は父の顔を見た。父は困惑を通りこした無表情で、もう暮れなずんで来た焼跡を見つめていた。

「およろしかったらどうか私の所へお出《い》で下さいな、私、今お邸へ住みこみでございます。——家政婦会の寮も焼けてしまいまして」

そう言ってお咲さんは笑った。

「お邸の奥さまに——おねがいしてみますわ。部屋数も沢山《たくさん》ありますし、何だったら今夜は私の部屋でお休み下さいまし」


芦屋のほんとうの大邸宅街は、阪急や国鉄の沿線よりも、川沿いにもっと浜に向って下った、阪急電車芦屋駅附近にある。山の手の方は新興階級のもので、由緒の古い大阪の実業家の邸宅は、このあたりと、西宮《にしのみや》の香爐園《こうろえん》、夙川界隈《しゅくがわかいわい》に多かった。ほとんどの家が石垣《いしがき》をめぐらした上に立っており、塀は高くて忍び返しがつき、外からは深い植えこみの向うに二階の屋根をうかがえるにすぎない。その屋根に立つ避雷針の先端の金やプラチナの輝きが、こう言った邸に住む階級の象徴の様に見えた。——そのお邸はこのひっそりとした一角の、はずれ近くにあった。一丁ほど先からはもう浜辺《はまべ》の松原が始まり、木の間をわたる風は潮気をふくんで、海鳴りの音も間近かだった。僕達は薄汚れた姿で、がくがくする足をひきずりながら門の石段を上った。

　お咲さんはとりあえず僕達を玄関内に入れ、自分は奥へ行った。広い邸内のずっと奥へ、彼女の足音が遠のいて行くのをききながら、僕と父は敷石に腰かけて黙りこくっていた。ふと背後に人の気配を感じてふりむくと、そこには和服の姿があった。玄関奥の廊下に立ち、薄暗がりの向うからこちらをうかがうようにしていた。その顔は見えず、ただ真白い夏足袋《なつたび》の爪先《つまさき》だけが見えた。その人は声もかけず黙ってこちらを見て立っていた。丁度そこへお咲さんがもどって来て、「まあ奥さま」と声をかけた。――その人は初めて顔を見せた。渋い夏物をきちんと着付け、すらりと背の高い四十位の女の人だった。上品な細面に、色がすき通るほど白く、眼が悪いのか、薄い紫色の、八角形の縁無し眼鏡をかけていた。白粉《おしろい》がなくて、顔色は青白かったが、髪はきっちりとなでつけていた。お咲さんはその人に僕達の事を話した。その人は能面の様に無表情な顔をやや伏せて、お咲さんの話をきいていたが、そのうちちょっと眉《まゆ》をひそめて呟《つぶや》いた。

「そう、それは困ったわね」

　その人が僕達をいやがってそう言っているのではない事は、すぐにわかった。何か僕達を泊めるとほんとうに困った事が起るみたいだった。僕は父の袖《そで》をひこうとした。

「でも――お咲さんの知り合いの方なら……」

その言葉をきいて、父は露骨にほっとした顔をし、思い出したように帽子をとり、名刺などを出してあいさつした。

「こう言う時はお互いさまですから」とその人はしずかに言った。

「お咲さんのお部屋、女中部屋でせもうございますし、――お咲さん、裏の方の離れにお床をとってさし上げて。お食事もそちらで上っていただくといいわ」

僕達親子は、その夜六畳ほどの離れで寝かせてもらった。お咲さんは渡り廊下を通って、黒塗りの膳《ぜん》をはこんで来てくれた。僕達は恥ずかしいぐらい食べた。

「たんとおあがりなさいまし」とお咲さんは、ゆらめく蠟燭《ろうそく》の火の向うから、笑いながら声をかけた。

「奥様がそうおっしゃいました。こんな御時世にもったいないんですけれど――この家ではお米に不自由しませんの」

それでも麦が二分ほどまじっていたが、虫食い大豆や玉蜀黍《とうもろこし》、はては豆粕《まめかす》や団栗《どんぐり》の粉まで食べさせられていた僕には、まるでユメのようなものだった。おかずには、薄くて固かったが、とにかく肉が一片《ひときれ》、それに卵と野菜の煮たのがついた。どれも僕達には、奇蹟《きせき》のような食物だった。

僕達はお咲さんに蚊帳《かや》をつってもらい、しめったかびの臭《にお》いのする、でも爽《さわ》やかな肌《はだ》ざわりの夏《なつ》蒲団《ぶとん》にもぐりこんだ。蠟燭を消した真の闇《やみ》の中で、僕はぐたぐたに疲れていたにもかかわらず、いつまでも眠れずにいた。

「何もかも焼けてしまったね」と僕は隣の父に話しかけた。「教科書も、着物やシャツも……」

「ああ」と父は答えた。

「これから一体どうするの？」

父は一つ溜息《ためいき》をつくと、寝返りを打って背をむけた。——僕には父の困惑がよくわかった。戦争は生活と言うものの持つ、特殊なニュアンスを、その年頃の僕らにもよくわからせてくれた。僕は悪い事を聞いたと思って、口をつぐんだ。僕達は戦争がどうなるかと言う事さえ、考えた事がなかった。毎日生きるのがせい一杯だった。

——大変だったね、お父さん。家がやけて僕よりも何倍か、辛く悲しいだろうね。——僕は父の背にそう言って慰めてやりたかった。それでも明日また足をひきずって工場へ行く事、明日はここを出て、どこか別の宿を探《さが》さねばならない事を思うと、いやでいやで身内が熱くなるのだった。——豊中《とよなか》だか箕面《みのお》だかにある父の会社の寮へ行くのだろうか？　それとも戦災者を収容している小学校の講堂へ行くのかしら？　鍋釜《なべかま》さえないのに——。焼け跡の防空壕《ぼうくうごう》をほり起して、友人の誰彼のようにあの中へすむのだろうか？

僕は考えながら暗闇で眼を見開いていた。その時、僕は何か細い声をきいた。ふと耳をすますと、蚊《か》の鳴く声だった。僕はその甲高い、細い声をきくと身体がむず痒《がゆ》くなって眼がさめてしまうのだった。闇の中でじっとしていると、遠くの潮騒《しおさい》や松風の音がかすかに聞えて来る。――そして、今度こそ、僕ははっきりとその声をきいた。

「父さん……」と僕は囁《ささや》いた。「誰か泣いてるよ」

父は既に寝息をたてていた。しかしそのか細い、赤ン坊のようなすすり泣きは、しんと静まり返った邸内のどこかから、遠く、近く、嫋々《じょうじょう》と絶えいるように聞こえてくるのだった。

翌日、帰ったらもう一度そのお邸で落ちあう事にして、僕は工場へ、父は会社へ行った。その日、工場で僕は家が焼けた事をみんなに話した。みんな別に同情したような顔もしなかった。

その日、邸へ帰ると、父は先に帰っていて、お咲さんと話しこんでいた。

「弱ったよ」と父は僕の顔を見て言った。「今日突然うちの工場の疎開の指揮をする事になったんだ。――責任者が空襲で死によって……。一カ月半ほど、疎開先へ出張させられるんだ」

お前はどうする？ と父の眼は言っていた。僕はお咲さんと父の顔を等分に見た。お咲さんは笑みを浮かべながら、膝《ひざ》でにじりよって来た。

「それで奥様におねがいしてね。お咲が坊ちゃんの御面倒を見させていただく事にしようと思うんですけど」

「お前だけなら、とこちらではおっしゃるんだ」と父は言った。

僕は黙っていた。父に行ってしまわれるとなると、今までどんなに自分が心の中で、父を頼《たよ》りにしていたかわかった。たとえ一カ月半でも、心細さに鼻頭が熱くなった。その気配を察してか、父は僕の顔をのぞきこむようにした。

「それとも、学校を休んで母さん達の所へ行くか？——汽車が大変だけど」

「ここにいる」と僕はぶっきらぼうに言った。

「行儀よくするんだよ。——こちらには御病人がおられるらしいから」そう言うと父は立ち上った。

「今夜、行ってしまうの？」と僕はきいた。

「ああ——今夜たつ。帰って来たら、住む所を何とかするよ」

そう言うと父はお咲さんに後を頼んで出て行った。僕は阪神電車の駅まで送らず、邸の門の所から、白い道を遠ざかって行く父の後姿を見ていた。痩《や》せて、少し猫背で、防空頭巾《ぼうくうずきん》のはいった袋を腰の所にぶらぶらさせながら歩いて行く父の姿は、何だか妙に悲しく見えた。

会社も無茶だ。戦時中かも知れないが、自宅がやけた翌日に出張させなくてもよさそうなものなのに。だけどこれが戦争なんだ。そのうち敵が本土上陸して来て、もし神風が吹かなければ、僕達は竹槍《たけやり》で闘って、みんな死ぬんだ。今の中学生から思えば、呆《あき》れるほど物を知らなかった僕は、そんな事を考えて、幼い子供のように涙ぐんでいた。父が僕一人をおいて、二号の女事務員のアパートへ泊りに行ったのだなどとは、思いもよらなかった。

僕はお咲さんの部屋には泊らず、例の離れで一人で寝起きした。ひどくかわったのは、食生活だった。とにかく朝と晩には米の飯が食べられる。お咲さんは弁当を持って行けと言ったが、これぱかりは断わった。朝晩に米飯を食べていると言うだけでも、友人達に対して後《うしろ》めたかったのである。——動員先の工場での、友人達との生活は、日ましに苛烈《かれつ》なものになって行った。空襲はいっそう激しくなり、B29の編隊は午前中一度、午後一度、そして夜中と、一日三回現われる事も珍しくなかった。三日に一度ぐらいは大編隊が現われて神戸、大阪、そして衛星都市を、丹念に焼き払って行った。その合間に艦載機の低空射撃がまじり出した。工場のつけっぱなしになっているラジオから流れる軍歌やニュースの合間をぬって、苛《いら》だたしいブザーがひっきりなしに鳴り、「中部軍情報……」と言う機械的な声が敵機の侵入を告げる。遠くでサイレンが鳴り、非常待避の半鐘がなり、空がどんどんと鳴り出すと、あちらこちらの高射砲が、散発的に咳《せき》こむような音をたて始める。まもなくおなじみの、ザァッと言う砂をぶちまけるような音だ。するとパンパンポンポンはじける音が四方で起り、僕らは火の海の中を、煙にむせながら山の方へ逃げなければならない。

——毎日暑い日だった。やたらに暑い上に、空気はいがらっぽく焦げた臭いがし、焼跡の熱気は夜の間も冷える事なくこの暑さを下からあぶりつづけた。いらだった教師や軍人は、僕らをやたらに殴《なぐ》りつけた。腹の中は、熱い湯のような下痢《げり》でもって、みぞおちから下半身まで、いつでも一本の焼け火箸《ひばし》をさしこまれているような感じだった。騒音と爆音と怒声、それと暑さの中で、僕達は自分達が炎天の蛙《かえる》の死骸《しがい》のように、黒くひからびて行くのを感ずるのだった。――だが邸の中はちがっていた。植えこみが外界の騒音も熱気も遮断《しゃだん》してしまったように、部屋の中は静かで、いつもひんやりしていた。庭は手入れもうけずに夏草がおいしげってはいたが、泉水の暗く濁った水の底では、尺余りの緋鯉《ひごい》や斑鯉《まだらごい》が、ゆっくりと尾を動かしていた。葉を一杯つけた梧桐《あおぎり》や、枝ぶりの見事なくろ松には、蟬《せみ》が来て鳴いた。その声は邸内の物憂い静寂をかえってきわだたせるみたいだった。――まるで山の中みたいだ、と僕は縁先に腰かけながらぼんやりと思うのだった。電車が通ぜずに工場を休んだ日など、僕は枝折戸《しおりど》から庭をまわって、泉水の傍の石に腰をおろし、何時間も水中をのぞきこんだ。

「あの鯉、知っていますか？」

といきなり声をかけられた事もあった。――後にいつもの通りきちんと帯をしめたおばさん――僕は自分の心の中でそうよんでいた――が立っていた。僕は指《さ》された白っぽい魚を知らなかった。

「ドイツ鯉よ。鱗《うろこ》がところどころしかないの――一種の片輪ね」

とおばさんは言った。

「でも片輪の方が値打ちのある事もあるのよ」

好奇心などというものを、持つだけの体力もなくなっていた僕だったが——そう言えば、いつか工場の帰路、焼跡の瓦礫《がれき》の上に坐って、腹をむき出し、片手に抜き身の日本刀を持ってしきりにと見こう見している人物を見た事があった。僕達は一瞥《いちべつ》しただけで通りすぎた。その男が腹を切るつもりだったのか、あのあと本当に切ったのだろうか、と不思議に思ったのは、終戦後五年もたってからである——しかしおばさんと、この邸だけは、時折り不思議に思う事があった。この広い、間数の多い邸の中で、おばさんと、その病人とやらのたった二人だけで住んでいるのだろうか？　男と言うものはいないのだろうか？　それにおばさんは、もんぺなどはいた事もなく、いつもきちんと和服姿だった。外に出ないからいいとは言え、あの意地の悪い防護団や隣保《りんぽ》の連中が、何故《なぜ》ほうっておくのだろう？　この家には火たたきも、防火砂もなかった。やけ出されて家のない連中が沢山いるのに、これだけ広い家にたった二人で住んでいて、どこからも何も言われないのだろうか？　金持ちらしいけれど、食糧はどこから手に入れるのか？——この最後の疑問だけは、ちょっと手がかりがあった。ある夜——その夜も停電だったが、裏口から頰《ほお》かむりをした男が、何かをかついでこっそりはいって来た。僕は離屋《はなれ》の窓からそいつの姿を見た。月明りでちらと見えた顔は、ひっつり眼だった。その翌日、僕は何日ぶりかで肉にありついた。——しかしこれらの疑問は、漠《ばく》然《ぜん》と僕の胸に去来しただけで、それを追究するだけの気力はなかった。むしろ時折り、母屋《おもや》の二階の方から聞える、あの泣き声の方が気がかりなくらいだった。

「病人って、女の子だね」と僕はお咲さんに言った。

「とても痛そうに泣いている」

「坊ちゃん、おききになりまして?」とお咲さんは暗い眼付きをして呟いた。それからこわいようなきっぱりした態度で言った。

「母屋の方へは、あまりいらっしゃらないようにして下さいね」

「病人って、いくつぐらいの人?」

「存じません」とお咲さんは思いに沈むように顎《あご》を落して首をふった。「私もまだ、お目にかかった事がないいんです」

それからもうひとつ——この邸の中にはラジオがなかった。そのころはタブロイド版になってしまっていた新聞さえとっていないようだった。ラジオがあってもどうせ停電続きで、電池式でなければきけなかったろうが、僕は戦局についてのニュースを知りたかった。工場ではいろんな噂《うわさ》が流れていた。大抵は新兵器の話とか、敵を一挙にせん滅する新型爆弾やロケットの話だったが、中にはアメリカで暴動が起るとか、戦争がもうじき終わるとか言う妙な噂も流れていた。

西宮大空襲の夜、僕は起き出して行って、東の空の赤黒い火炎と、パチパチとマグネシウムのようにはじける中空の火の玉を見つめた。僕はいつもの習慣でゲートルをまいたまま寝ていたが、その夜ばかりは阪神間も終りかと思って、いつでも逃げられる用意をした。

「こちらにも来ますでしょうか?」ともんぺ姿のお咲さんがきいた。

「近いよ。今やられてるのは東口のへんだ」と僕は言った。

「この次の奴が芦屋をねらうかも知れない」

「だんだん近くなりますね」とお咲さんは呟いた。「あれは香櫨園あたりじゃありませんか?」

ふと横に白いものが立った。見ると浴衣《ゆかた》姿に茶羽織をはおったおばさんが、胸の所で袂《たもと》を重ねあわせて、西宮の空を見上げていた。

「逃げませんか?」と僕は言った。「山手へ行った方が安全ですよ」

「いいえ、大丈夫」とおばさんは静かな声で答えた。「もう一回来て、それでおしまいです。ここは焼けません」

僕はその声をきくと、何だかうろたえた。おばさんは頭が変なのじゃないかと思ったからだ。だがおばさんの顔は能面の様に静かだった。ふち無し眼鏡の上には、赤い遠い炎がチラチラ映っていた。

「この空襲よりも、もっとひどい事になるわ」とおばさんは呟いた。

「とてもひどい……」

「どこが?」と僕はききかえした。

「西の方です」

「神戸ですか?」

「いいえ、もっと西……」

そう言うとおばさんは、突然顔をおおって家の中へはいってしまった——僕は明け方近くなって、離屋へ帰った。途中、庭先からふと母屋の方をのぞくと、戸をあけはなした灯のない部屋の真中に、白い姿が見えた。おばさんは十畳の部屋の真中に、きちんと坐っていた。三キロ西では、空を蔽《おお》いつくすほどの黒煙と火炎が立ちこめ、火の起す熱い風が灰燼《かいじん》をまき上げていた。その風の底に、火の手にまかれた人々の阿《あ》鼻《び》叫喚《きょうかん》が聞えて来るようだった。おばさんは端座したままその遠い叫びに耳をかたむけているみたいだった。——しかし庭をはなれる時そうでない事がわかった。鍵《かぎ》の手に折れた母屋の、向こう側の二階から、ぴったりととざされた窓を通して今夜もあのすすり泣きが聞えて来るのだった。


翌日から僕は下痢で工場を休んだ。離屋には便所がなかったので、僕は何度も母屋への渡り廊下を往復した。下《しも》便所があったが僕は母屋の庭ぞいの長い廊下を突っきって、階段の横手にある客用便所へ行った。——それは僕の我儘《わがまま》でもあり、この邸の豪勢さに対する反抗でもあった。母方の祖父の家は埼玉の豪家だった。僕は幼い時にそこを訪れて数多くの小作人や下男達にちやほやされ、その十の蔵まである広い邸囲いや、二百年も経た古い椽《たるき》に漠然とした誇りを感じた。今この大きな邸の中にいて、妙に気圧《けお》される感じをうけるのが癪《しゃく》にさわったのだ。それに好奇心もあったのは確かだ。これだけ広い邸、廊下の向うがせばまって見えるほどの邸の中に、あれだけの人数と言うのはどうも納得できない。――便所へ行くのはちょっとした冒険気分だった。黒光りする廊下を僕はお咲さんも拭《ふ》き掃除が大変だろうなと思いながら、歩いて行った。途中で両側の部屋に耳をそばだててみたが、どの部屋の障子もぴったりとざされて人の気配はどこにもなく、黒ずんだ障子の桟には薄い埃《ほこり》がたまっていた。曲り角で、不意に何かに出くわしてびっくりすると、そこには古い木彫の仏像がひっそりと立っていたり、くわっと口を開いて声の無い笑いをたてている、青銅製の伎《ぎ》楽面《がくめん》が壁にかかっていたりした。便所の向かいの壁には、古木を使った扁額《へんがく》がかかっていて、はげた胡粉《ごふん》の文字で、鬼神莫二と読めた。――一体どう言う意味だか、未《いま》だにわからない。

奥便所は男便所の反対側にあり、総畳の四畳半だった。砂刷《すなず》りの壁に三方に櫺子《れんじ》窓があり、青畳が明るく冴えていた。天井は杉柾目《まさめ》の舟形造り、便器は部屋の中央にあり、黒漆塗りで、同じ黒漆塗りの蓋《ふた》には、金泥《こんでい》で青海波《せいがいは》が描かれてある。籐編《とうあみ》の紙置きには水晶製の唐獅子《からじし》をかたどった紙鎮《しちん》がおかれ、便器の正面には赤漆塗りで高さ一尺ばかりの猫足《ねこあし》の台があり、その上の青磁《せいじ》の水盤には、時に河骨《こうほね》が、時に水蓮《すいれん》が活《い》けられてあった。丁度東北にあたる隅《すみ》には、二尺ほどの高さの黒柿の八《やっ》足《あし》があり、銀製の香炉がのっていて、そこからはいつも、馥郁《ふくいく》たる香が立ちこめていた。客便所の掃除は、お咲さんの重要な日課の一つらしかった。僕はお咲さんがちりとり一杯の杉の青葉をもって歩いているのを見た事がある。そして奥便所の便器の蓋をとると、底も知れぬ暗闇の中から、いつもぷんとま新しい杉の葉の香がした。この豪勢な、広い便所の真中で、一人坐って、豆腹《まめばら》の下痢をぶちまけるのは、ちょっと痛快な気分だった。しかし僕が一番驚いたのは、客便所の外で二階からおりてくるお咲さんにばったり出会った時だった。何故だか知らないが、お咲さんは腰のぬけるほど驚いて、手にもった洗面器を半分とりおとしかけながら叫んだ。

「まあ、坊ちゃま！——坊ちゃまでしたの！」

彼女はまっさおになり、はあはあ息をはずませていた。

「こんな所へいらっしゃるなんて……」

「来ちゃいけないのかい？」と僕は反抗的に言った。

「そんな事はございませんけど……」

そう言ってお咲さんは、ようやく手にした洗面器を持ちなおした。その中からは、ぷうんと腐ったような臭《にお》いがした。僕がのぞきこもうとすると、お咲さんはあわててそれを横に隠した。

「ごらんになっちゃいけません」と彼女は呟《つぶや》いて、足早に立ち去ろうとした。僕はお咲さんがひきずっているものを見て声をかけた。

「繃帯《ほうたい》、ひきずってるよ」

お咲さんはふりむいた。その拍子に洗面器の中味がまる見えになった。それは洗面器一杯の、血と膿《うみ》に汚《よご》れた、ひどい悪臭をはなつ繃帯だった！　お咲さんはすっかり狼狽《ろうばい》して、台所の方へ走り去った。

僕は何か異様な感じにつきまとわれ出した。あの女の子の病気は何だろう？　ひょっとすると、——あの業病《ごうびょう》かも知れない。そう思うと、僕は身うちがむずがゆくなった。あのおばさんの、蚕が上る時のような透き通る肌《はだ》も、その業病を暗示するみたいだった。僕は我慢できなくなって、その日の午後台所へ行って見た。大きな、暗い台所をこっそりのぞくと、お咲さんは大釜《おおがま》に湯を沸かして繃帯を煮ていた。そして傍《そば》には、先刻繃帯のはいっていた、さしわたし六十センチもありそうな大きな洗面器がおいてあり、その中には胸のむかつくような臭いのする、どろどろしたものが、なみなみとはいって、湯気をたてていた。そのげろのような汚《きた》ならしいものは、たしかに食物だった。——僕が声をかけると、お咲さんはまたびっくりして、今度は少しきつい眼で僕をにらんだ。

「男のお子さんが、台所などのぞくものじゃありません」とお咲さんは言った。

「お咲さん、あの女の子の病気、何なの？」と僕は負けずに言いかえした。「癩病《らいびょう》だったらどうするんだ？」

「坊ちゃま！」とお咲さんは真顔でたしなめて、手をふきふきこちらへやって来た。僕達は上《あが》り框《がまち》に腰をおろした。

「ねえ、坊ちゃま、人様の内輪の事をいろいろと詮索《せんさく》するのは、よくないですよ」

「でも、もし癩病だったら？」と僕は言った。「おばさん、病人をかくしてるし、お咲さん以外の人は居付かないじゃないか。きっとそうだよ。癩病がうつったらどうする？」

「お咲には癩病はうつりません。うつったって平気でございます」とお咲さんは祈るような声で言った。「お咲には神様がついております。――光明《こうみょう》皇后様のお話、御存知ですか？」

「だって、あれは伝説だよ。癩だったら隔離しなきゃいけないんだ」と僕は言いはった。

「でも、坊ちゃま、――これだけは申せます。あの御病人は癩じゃございません」

「じゃ、何なの？」

「わかりません――。でも、奥さまはお気の毒な方です」

「こんな大きな邸《やしき》に住んで、あんな贅沢《ぜいたく》して、何が気の毒なもんか！」僕はとうとう叫んだ。それは嫉妬《しっと》が、例の「聖戦遂行意識」とないあわされた――戦時中誰もが抱《いだ》いていたあのいまわしい、卑劣で底意地の悪い憤懣《ふんまん》の爆発だった。

「あの人、非国民だ！　闇をやってる。もんぺもはかない。働きもしない！　憲兵に言ってやるぞ」

「坊ちゃま！」とお咲さんはおろおろ声でたしなめた。

「じゃ大きな声出さない。憲兵にも言わない」僕は卑劣なおどしをかけた。憲兵なぞ、僕らにとってもよりつきも出来ない恐ろしい存在だった。だが僕はお咲さんの無知にやまをはった。「そのかわり、あの洗面器の中、あれ何だか教えてよ」

お咲さんは青ざめて口をつぐんだ。僕はなおもおどしたり、懇願したりした。――僕は何という いやな少年だったか！　あれだけ上の連中にいためつけられながら、或《ある》いはかえっていためつけら れていたが故《ゆえ》に、ちゃんと権力をかさに着て、その幻影でもっておどしをかけ、我意を通す事を 知っていたのだ。お咲さんは動揺し、ついにそれが、いろいろの物をまぜた食物だと言う事を白状 した。

「私、ほんとうに何も知らないのです」とお咲さんは言った。「私が行けるのは、お二階の、あの 鍵の手の所までです。そこへ一日三度、あの洗面器一ぱいの食物をおいておきますと、一時間ほど で綺麗《きれい》にからっぽになって、かわりにあの、汚れた繃帯がはいっているのです」

そう語ったお咲さんの顔は、苦痛に歪《ゆが》んでいた。脅迫でもって、お咲さんを裏切らせてしまった 事に対し、僕の心は鋭くいたんだ。しかしそのために、僕はかえって意地悪くなった。

「お咲さん、あの子の病気、知ってるんだね」と僕はかまをかけた。

「うすうす存じております――だけど、これだけは坊ちゃまにだって申し上げられません、坊 ちゃまにお話しただけで、私、こちらの奥様に申し訳けない事をしたんでございますから」

お咲さんの毅然《きぜん》とした態度に、今度は僕が鼻白《はなじろ》む番だった。おとなの反抗に出あえば、生意気な 少年の我儘など、あえないものだ。

「よろしゅうございますか、坊ちゃま」いつの間にか板の間にきちんと正座したお咲さんは、背をまっすぐにして、正面切って僕を見つめた。僕は少し小さくなった。「どんな事があっても、お二階をおのぞきになろうなどと言う気を、お起しになってはいけません。もし、そんな事をなさって、将来坊ちゃまが御不幸にでもなられたら……」

お咲さんの訓戒が身にしみてか、僕はしばらくその「秘密」に近づきたいと言う気を起さなかった。だが今度は秘密の方から僕に近づいて来るようだった。——一日二日たったある日、奥の間からピアノの音がきこえて来た。僕はひさしぶりにきく楽器の音にさそわれて、庭から母屋の奥へとまわって行った。ひいているのはおばさんだった。一番奥の一つ手前の十畳に、アップライト型のピアノがおかれ、おばさんは細いきれいな声で歌っていた。その歌の文句は、うろおぼえだが、こんなものだった。

時代のゆうべは　ややに迫りぬ
見ずや地の上を　あまねく覆《おおい》し
黒雲はついに　雨と降りしきて
いなずまひらめき　いかずち轟《とどろ》く

たのしめる人　おののき恐れよ
たかぶれる者よ　かしこみ平伏《ひれふ》せ……

おばさんは僕の姿を見ると、にっこり笑って、

「良夫さん?」と声をかけた。「こちらへいらっしゃいな」僕はこの前の事にちょっと後めたさを感じたが、それでもおばさんと二人きりになる事に、くすぐったい好奇心が湧《わ》いた。十畳の間にあがると、おばさんは魔法瓶《まほうびん》に入れた冷たい紅茶をコップについでくれた。

「毎日大変ね」とおばさんは畳みかけの着物をわきにどけながら言った。「私は毎日退屈してるの。——申し訳ないみたいだけど」僕はお咲さんがあの事を喋《しゃべ》ったのかな、と思ってびくびくしていた。——眼をそらして畳みかけの着物に眼をやると、それは赤い綸子《りんず》模様の、十三、四の女の子の着るような、着物だった。

「あなたのような若い方達が——本当にお気の毒だわ」

「気の毒なんて事じゃありません」と僕は気負いこんで言った。「僕等の義務です。上級生なんか、予科練へ行って、もう特攻で死んだ人だっているんです。僕らだって今に玉砕《ぎょくさい》するんです」

おばさんはその時謎《なぞ》めいた微笑を浮かべた。だがその微笑の暗さと寂しさとに、僕は背筋が寒くなるような気がした。

「そんな事にはならないのよ。良夫さん」とおばさんは言った。「決してそんな事にはならないの。もうじき何も彼《か》も終ります」

「そんな事、何故《なぜ》わかるんです」僕はむきになって言った。「敵は沖縄を占領しています。機動部隊は小笠原《おがさわら》からもフィリッピンからも来ています。——きっと上陸して来ますよ。そしたら、ここらへんも戦場になりますよ」そして僕は少し息をつぎ、おばさんにあたえる効果について、意地悪くおしはかって言った。「そうなったら、この家だって焼けちまうにきまってます」

突然おばさんはきれいな声をたてて短く笑った。

「この家は焼けないわ」とおばさんは、手の甲でそっと口もとを押えて言った。「焼けない事になっているの。——空襲の度《たび》に、私が逃げ出さないので、不思議に思っているでしょ。でもあたりが全部焼野原になっても、この家だけは大丈夫なのよ。守り神がいるんですもの」

「でも、神戸の湊川《みなとがわ》神社だって焼けてましたよ」と僕は言った。

「神社だって、空襲なら焼けるわ。でも、この一画は空襲されないんです。——それはこの邸があるからです」

その時、恐ろしい考えが僕の頭に閃《ひらめ》いて全身がカッと熱くなったのに、心臓は氷で突き刺されたように、冷たくちぢみ上がった。その考えは全く辻褄《つじつま》があうように思えた。——何故この邸が空襲されないのか？　何故おばさんは、何もせずに、こんな邸に一人で生活できるのか？　二階に誰をかくしているのか？　僕は硬《かた》くなりながら、思い切って言った。

「おばさん——おばさんはスパイじゃないの？」

だが今度はおばさんは笑わなかった。消え入りそうなわびしい影が、その顔をかげらすと、美しい横顔を見せてスラリと立ち上った。柱によると、青く灼《や》けただれた空を見上げながら、ポツリと言った。

「そんなのだったら、まだいいけど……」

とけたガラスの様な夏空に、空襲警報のサイレンがまた断続してなりわたり始めた。積乱雲をゆるがすようなそのひびきと共に、それを真似《まね》るような遠吠《とおぼ》えが、邸のどこかからきこえたように思った。——だがそれは空耳らしかった。どこかで牛か犬が鳴いたのかも知れない、と僕は思った。

「この家には守り神がいるのです。それはこの家の劫《ごう》なの。——良夫さん、劫って知ってる？」

おばさんは柱にもたれたまま、うつろな声で語り出した。

「おばさんの家はね、田舎《いなか》のとっても古い家なの。古くって大きいのよ。九州の山の中にあって、大きな、大きなお城みたいなお邸なんです。山も畑もうんとあって、小作人も沢山いました。だけど、その大変な財産には、いろんな人達、いろんなお百姓達の怨《うら》みがこもってるんです。その怨みが、何代も何代もつみ重なったもの——それが劫なのよ」

僕はいつかきちんと坐って唾《つば》をのんでいた。おばさんは静かに経文を誦《ず》すように語り続けた。

「おばさんの御先祖はね——もと切支丹《キリシタン》だったんです。だけどしまいにはほかの切支丹の人達の財産をとり上げるために、次から次へと役所に密告しました。お役人と結託して、切支丹でない人まで、切支丹にしたてて牢屋《ろうや》へ入れては、その人達の田畑や邸をとり上げました。——そう言った人達の怨みがこもって、私の家では、女は代々石女《うまずめ》になったんです。たまに生まれても、赤ちゃんは三日とたたないうちに死んでしまうの」

でもおばさんは——と僕は言いかけて、口をつぐんだ。

「おばさんの夫のお家も、やっぱり東北の方の旧家なの。代々長者と言われる家なんだけど、どの代の人も、とてもひどく小作人や百姓達をいじめたんですって。年貢《ねんぐ》をおさめない村があると、その村の女や子供達を、狼《おおかみ》の出る山へ追いこんで、柴《しば》や薪《まき》をとらせたり、村の主《おも》だった者を逆さに吊《つる》して、飢えた犬をけしかけたりした事もあると言ってたわ。でも殿様の遠い血筋をひいてるし、お役人とも結んでいたので、やっぱりどうにも出来なかったんです。——そのかわり、その家でも代々長男は、跡をとってまもなく、気が変になったり、おかしな死に方をするんです。

そのおじさん——おばさんの夫の家にも、やっぱり守り神がいるの。気が変になった当主にだけ、その守り神が見えるのよ。だけど、守り神なのに、その姿は獣の恰好《かっこう》をしていて、とても恐ろしいんですって。その守り神の姿を見ると気がふれたようになって、お百姓を殺したり、無茶をしたりするようになるんです。私は夫の国もとの邸へ行って、夫の父が座敷牢へ入れられてるのを見たわ。

その齢《とし》をとった人は血走った、真赤な眼をして、口から涎《よだれ》をたらしながら、四つん這《ば》いになって、けものが来る、べこが来るって、叫んでいたわ。

だけどそれがやっぱり守り神なの。一度御先祖の一人が、あまりひどい事をしたので、とうとう怨んだお百姓達におそわれて、もうちょっとで殺されそうになったの。するとその守り神が、黒い大きな獣の形をして、百姓達をけちらして、その御先祖を救ったんですって。それから近郷が全部やけた火事の時も、その守り神が、夫の家邸だけを焼けないように守ってくれたと言う事なの。――だけどその時は、守り神が主人にむかって言ったんですって。俺《おれ》はお前達の一族に苛《いじ》めぬかれて死んだ百姓達の一人だ。怨みがつもってお前の家にとりついたが、そのかわり、お前の家や財産は守ってやるって……」

僕は息をつめて、おばさんの話をきいていた。晴れわたった空に待避信号の半鐘が鋭くひびき始め、遠い雲の彼方《かなた》から、地鳴りの様な慄音《りつおん》が聞え始めた。

「私の夫は、早くから家を出たので、気もちがわずにすみましたし、まだ外地で生きています。――そのかわり、夫は支那《シナ》や外地でやっぱり沢山の人を殺したらしいわ。そう言う夫と結婚したので、この家にも守り神が来たんです。その守り神が、この邸を守ってくれるの。――あの子が、その守り神なのよ。……守り神って言うのは、この家につもりつもった劫《ごう》なの。その劫がこの家をいろんな災難から守ってくれるのよ。考えてみたら妙な話ね。私達、幾代にもわたった、幾百万もの人達の怨みでもって守られているの」
その時、最初の爆弾が、どこか遠い地軸をゆり動かした。おばさんは、つと柱を離れると、再びピアノに向って、静かに弾《ひ》き始めた。その歌は、何故だか僕もよく知っていた。マーラーの「死せる我が子にささげる悲歌《エレジイ》」だった。——外の激しい空襲も忘れて、僕はペダルをふむおばさんの美しい白足袋《しろたび》の爪先《つまさき》に見とれていた。おばさんがその歌を、誰かに向って聞かせるために歌っているのだと言う事をさとったのは、暫《しばら》く後だった。庭先を見上げると、鍵《かぎ》の手になった斜め向かいの二階の窓が、——いつもぴったりと閉ざされている窓障子が、わずかに開き、その向うに黒い影がじっと聞き耳をたてているのが見えたのだ。

戦争は、その頃から何だか異様な様相をおびて来た。戦争自体が不吉な旋風《つむじかぜ》となって、火と灰燼《かいじん》をまき上げながら、夜となく昼となく、ただ一面にびょうびょうと吹きすさんでいるみたいだった。その激しい風音の向うから、とらえがたいかすかな叫びが聞えて来るような気がしたが、それが何であるかは、わかっているようで、言いあらわせなかった。その声の一つは、こう言った。伊勢《いせ》の方にあるならずの梅と言う木が、今年は実を結んだ。だから戦争はもうじき終るのだ。日露戦争の時もそうだった、と。それからこうも言った。どこどこの神社の榎《えのき》の大木が、風もないのにまっ二つに折れた。有名なお告げ婆《ばあ》さんが、戦争は、敵味方どちらも勝ち負けなしに、終ると言った。あるいは、山陰かどこかで、二つの赤ン坊が突然口をきき始め、日本は負けると言った、とか。

僕らはそんな話を信じはしなかった。

しかし同時にその風の叫びの様な叫びの底にあるものは、僕らの胸にひびいて来た。大本営が信州に出来る、天皇はもうそこへうつられたか、近々うつられるはずだ、と言う事を僕らに教えたのは誰だったか。銀行は既に敗戦を予期して、財産を逃避させ始めていると教えてくれたのは、たしか銀行家の息子だった。僕らはそいつの話を固唾《かたず》をのんできき、きき終ると非国民だと言って、よってたかって殴《なぐ》った。それから眉唾《まゆつば》ものの秘密情報好きの工員が、例のもっともらしいひそひそ声で、日本が用意している恐るべき新兵器の事を教えてくれた。それは大変な破壊力を持っていて、敵の機動部隊や上陸部隊、また飛行機がどれだけやって来ようとも、そんなものは一挙に破滅させる事が出来る。大本営はそれを最後の決戦兵器としてかくしているのだが、その破壊力があまりに大きく、味方の方にまで恐るべき損害がおよぶので、最後の最後まで使用するのをためらうと同時にそれを使用する機会をはかっているのだ、と言う事だった。

一方本土決戦についての話も、華《はな》が咲いた。九州に最初に上陸するか、九十九里浜かで、僕等はいつも議論した。——その議論を、横できいていた、朝鮮人の徴用工が、あとで僕をわきに呼んで、まじめな顔できいた。

「もし、アメリカが上陸して来たら、あんたら、どうするか?」

「勿論《もちろん》竹槍《たけやり》もって特攻さ」と僕は言下に答えた。それからその馬面《うまづら》の四十男にきき返した。「朝鮮人はどうする?」

彼は、ちょっと考えてから、うなずくように言った。

「朝鮮人も同じだ」

時折りB29が、単機で侵入して来て小馬鹿にしたように、かなり低空をとびながら、ビラをまいて行った。僕等の仲間でそのビラを拾ったものはなかったが、他校の生徒で、それを拾ったために憲兵にひっぱられたと言う話をきいた。そのビラにはポツダム宣言とか言う事が書いてあると言う話だったが、誰もその名に注意を払わなかった。

「坊ちゃま、本当にこの戦争はどうなるんでしょうね?」とお咲さんも時折り溜息《ためいき》まじりに言った。僕だけでなく、女中部屋に飾ってある戦死した息子にも問いかけていた。——海軍下士官の軍服を着た、子供子供した青年だった。

そんなある日、おばさんが僕を廊下でよびとめた。

「良夫さん、あなたの御家族、どちらに疎開なさったかしら?」

「父の郷里です」と僕は言った。「広島です」

「広島?」と言っておばさんは眉をひそめた。「広島市内?」

「いいえ郡部の、山奥の方です」

「そう、それじゃよかったわ」とおばさんはほっとしたように言った。――いつかの空襲の夜に、おばさんの言った、もっとひどい事、八月六日の原爆投下の起ったのは、その翌日の事である。

その六日の夜、僕は便所に行く道すがら、おばさんがいつも開けていない部屋にはいって、仏壇に燈明をあげ、数珠《じゅず》を手に合掌しているのを見かけた。

「夫が死にました」とおばさんは、いつもの静かな声で言った。

「満洲で――」

ソ連の対日参戦は翌日、八月の七日だった。そしてその日はまた、お咲さんがどうしたはずみか廊下にとり落して行った、汚れたガーゼを見つけ、それに血と膿と一緒に、太い、茶色の、獣の毛のような毛がいっぱいついているのを発見した日としておぼえている。

そして十三日の夜がやって来た。その夜、珍しくおばさんの方から、茶の間に僕とお咲さんを呼んだ。一本の蠟燭《ろうそく》の火のゆらめく中で、おばさんは何故だか眼を泣きはらしていた。

「お咲さん、良夫さん……」とおばさんは、少しくぐもった声で言った。「戦争は終わったのよ。日本は負けました」

僕は何かがぐっとこみ上げて来て、おばさんをにらみつけた。

「お咲さん、長々御苦労さまでした。まだお邸にいてもらっても結構ですけど、もうあの子の世話はいりません。良夫さんもここにいていいのよ、だけどもうじきお父さんがおむかえにいらっしゃるわ」

そう言うと、おばさんは暗い方をむいて呟いた。

「あの子の生命《いのち》も、日本が負けたら長くないわ……」

「どうして負けたなんて事がわかるんです」と僕は叫んだ。「そんな事ウソだ！　政府は何も言ってやしないじゃありませんか。軍は一億玉砕って言ってるじゃありませんか！　日本は負けやしない。負けたなんて言う奴《やつ》は非国民だ！　国賊だ！」

「あの子が言ったのです――明日は、もう空襲がありません」とおばさんは向うをむいたまま、静かに言った。「負けたからです。――でもその事を陛下がお告げになるのは明後日になります」

僕は部屋をとび出した。おばさんの畜生！　日本が負けるもんか、負けてたまるか！　と心に叫びながら。――だが、感情に激した僕の足を、いきなり金縛りにしたのは、あの暗い二階から聞えてくる泣き声だった。それは今夜はひときわ高く、まるで身をよじってもだえるように、告別の悲哀と苦痛に堪《た》えかねるように、長く長く尾を引くのだった。

そして、誰でも知っているように、すべてはおばさんの言った通りになった。僕等は当日、玉音をきいても何もショックも感じなかった。ただ始めてきくその人の声が、妙に甲高《かんだか》く、ききとりにくいのが気になっただけだった。事態をのみこむのに随分かかり、放送をきいた後でも、みんなはいつもの通り作業にかかった。だが砂地に水がしみこむように、日本が負けたと言う声がみんなの中にしみとおって行き、工場は次第次第に鳴りをひそめて行った。——午後の三時には一切の物音が絶え、みんな薄馬鹿のように天を仰ぎ、あちこちに固まって腰をおろし、手持ち無沙汰《ぶさた》に欠伸《あくび》したり、頭をごしごしかいたりした。僕もまた、ボケたようになって邸へ帰って来た。だが、離れに坐ると、突然わけのわからない憤懣《ふんまん》がおこって来て、教練教科書をひきさき、帽子をなげつけた。何もかもぶちこわしたかった。誰かをつかまえて、この何とも形容しがたいやるせなさをぶちまけたかった。僕は離れをとび出し、台所へ行ってお咲さんを呼んだ。——返事はなかった。それから、あの癪《しゃく》にさわる予言をしたおばさんをつかまえようと、長い廊下をどすどすと走りまわった。いつも閉ざされている障子襖《ふすま》を、音をたてて開けると言う乱暴までした。だがおばさんの姿もなかった。無人の邸は森閑と静まりかえっていた。——いや完全に無人ではなかった。「あの子」がいた。その日もまた、あの二階の部屋から、細い、悲しげな泣き声がもれていたのだ。咄嗟《とっさ》の間に、僕はおばさんが守り神と言った、あの子の顔を見てやろうと思った。既に僕の中には、その後何年も続いた冒瀆《ぼうとく》の衝動の兆《きざし》が芽生《めば》えていたのだ。あんな予言をしたから、日本が負けたんだ、と言う考えが。

僕は二階への階段をかけ上った。おばさんがあれほど秘密にしていた、あの娘の、業病《ごうびょう》にくずれた顔を見てやる、と僕は思った。ためらい続けた好奇心が、復讐《ふくしゅう》めかした冒瀆の衝動によって爆発した。僕は鍵の手の廊下を走り、二階の一番端、今も泣き声のもれる部屋の障子を一気にあけたのだ。

その時、僕の見たもの、それは、——赤い京鹿子《きょうかのこ》の振袖《ふりそで》を着て、綸子《りんず》の座布団《ざぶとん》に座り、眼をまっかになきはらしている——牛だった！　体つきは十三、四の女の子、そしてその顔だけが牛だった。額からは二本の角がはえ、鼻がとび出し、顔には茶色の剛毛が生え、眼は草食獣のやさしい悲しみをたたえ——、そしてその口からもれるのは、人間の女の子の、悲しい、身も消えいらんばかりの泣き声だった。片方の角の根もとには、血のにじんだ繃帯がまかれ、顔を蔽《おお》ったその手にも、五本の指をのぞいて、血と膿のにじんだ繃帯が、二の腕深くまかれてあった。ぷん、と血膿の臭いがした。そして家畜の臭いも。——僕は息をのみ、眼をむいたまま、その怪物を前にして立ちすくんでいた。

「見たのね」その時後で冷たい声がした。障子をピンと後手にしめて、おばさんが立っていた。能面のような顔の影に、かすかに憂悶《ゆうもん》の表情をたたえながら。

「とうとう見てしまったのね。その子は——くだんなのです」

それがくだんだったのだ。くだんは件と書く。人牛を一つにしてくだんと読ませるのだ。くだんは時々生まれる事がある。が大抵親達がかくしてしまう。しかしくだんには、予言の能力があるのだった——おばさんはその事を話してくれた。石女《うまずめ》と思われたおばさんが、たった一人孕《みごも》った女の子が、この件《くだん》だったのだ、と。生れた時から角があり、それが段々のびるとともに、顔が、牛そっくりになって来た。角の生えた人間が生れる事があると言う事は、ちゃんとした医学の文献にも出ている。皮膚の角質が変形したり、骨が変形したりするのだそうだ。昔はこんな人間を、鬼として恐れたのだろう、と。——だがくだんはちがう。くだんは根っからの怪物で、超自然の力があるのだ。これに該当するのはギリシャ神話のクレタ島のミノタウルスぐらいではあるまいか。くだんは歴史上の大凶事が始まる前兆として生まれ、凶事が終ると死ぬと言う。そしてその間、異変についての一切を予言すると言うのだ。この事は、おばさんから黙っていてくれとたのまれた。おばさんの家で、件を見たと言う事も、この話一切を黙っていてくれ、と強く念を押された。でないと、僕の一家にも不幸が起ると言うのだ。だから僕はずっと黙って来た。お咲さんにさえ、一言も喋《しゃべ》らず、口を閉《と》ざして来たのだ。だがあれから二十二年たった今、僕はあえてこの話を公けにする。そうする事によって、僕はこれを読んだ人々から件についての知識を、少しでもいいから、得たいのだ。誰か件についてくわしい事を知らないだろうか？　あのドロドロした食物は一体何だか知っている人はいないだろうか？　件を見たものは件をうむようになると言うのは本当だろうか？——僕は切羽つまってこの話を発表する。今度始めて生まれた僕の長女に、角があったのだ！——これもやはり、大異変の前兆だろうか？

底本＝「くだんのはは」『小松左京全集完全版 14巻 日本漂流・神への長い道』城西国際大学出版会、二〇〇九年。

〈お断り〉本作品には今日の人権意識に照らして、現在は使用されない「癩病」、「業病」といった表記、また差別的な表現がありますが、著者に差別の意図はなく、それらは作品内の時代風潮や作中人物の偏見を描くための表現であることから、本書では底本通りに掲載しました。（白澤社編集部）

第三部　クダン対談

クダン研究の最前線

東雅夫×笹方政紀

●——クダンとの出会い

東　今回は私が雑誌『ムー』（学研）で発表しました「妖獣クダンの謎——世紀末を駆ける妖獣クダン」（「妖獣クダンを追え！」本書第五章）を中心に、過去に執筆したクダン関連の論考を一冊にまとめるにあたり、最新のクダン研究をしていらっしゃる笹方さんのお話を、是非うかがいたいな、と。それがようやく実現することになって、たいへんありがたい機会だと思います。笹方さんには、お忙しいなかお時間を作っていただき、ありがとうございます。

執筆が二〇〇〇年の三月ですから、もう二十一年前になりますが、私が『ムー』で取材をしたときには、クダンとはどんなものかということすら、実はよく分かっていませんでした。クダンについて書かれた専門書も、それこそ佐藤健二さんの『流言蜚語——うわさ話を読みとく

クダン（左）と白澤（右）

作法』（有信堂高文社）とか、いくつかに限られていました。その後、折にふれて調べるうちに、だんだんと全体像が明らかになってきたわけです。その過程で関西に、笹方さんという方がいて、クダンについてコツコツと研究を重ねられているということを知りました。

笹方　私は、化野燐さん（妖怪研究家・作家）と某妖怪イベントで知り合って、SNSで親しくなり、そのご縁で妖怪の話を調べてはネットに発表していきました。そのネタの一つが、クダンでした。クダンについてはおそらく二〇〇〇年前後、雑誌『怪』などを読んで妖怪全般についての知識にふれるようになりました。そのなかの一つだったと思います。

東　どうして笹方さんは、クダンというものに、これほどまでに魅《ひ》きつけられたのでしょうか？　歴史的な事柄に、興味があったわけですか？

笹方　歴史に興味があったというよりは、クダンに関することならなんでも飲み込んでしまうという雑食的なところがあり、それが私の特徴かもしれません。クダンの近世史料は瓦版二枚の他には資料がありません。つまり当時は瓦版をもとにした研究しかなくて、この瓦版が本当に発端なのかということが気になっていました。それがクダンを調べ始めたきっかけです。そこから、クダンに関する資料を集められるだけ集めてみようかと、とりあえずひたすら資料を集めました。

東　なるほど。そのときはすでに、クダンの性格付け、予言をする獣であることは、情報として入っていたわけですね。

笹方　当時の妖怪事典に載せられているようなことは知っていましたが、特に『幻想文学』のくだん特集で集中的に知識を得た記憶があります。

東　懐かしい特集の名前が（笑）。『幻想文学』第五十六号のくだん特集「くだん、ミノタウロス、牛妖伝説」（アトリエＯＣＴＡ）は、一九九九年十月の刊行で、まさに１９９９――大世紀末に出した特集なんですが、当時は断片的な情報ばかりで、私も笹方さんと同じように雑食的に調べ始めたといえます。

●——妖怪研究のなかのクダン

東　私の場合は、小泉八雲とか、内田百閒とか、小松左京とか、おもに文学の方から入っていったのですが、いざ調べ始めてみると、クダンと名の付くもの、クダンを連想させるものが、いろいろなメディアでちらちら見え隠れするということが面白かった。

そのことと、いわゆる学問として、クダンを研究するということになるとまた違うかもしれないけれども……笹方さんとしては、学問としてのクダン研究をどう考えていますか。

笹方　私自身は学者ではないのですが、ちょうどいま、クダン研究について、学術的なものも含めて時系列的に追っているところです（「件（クダン）研究史―連なる知の系譜―」、西日本化物・妖怪同好会編『怪魅型　第参号』）。学術におけるクダンについての言及は事例紹介的なものから始まり、野村純一さんの考察を受けて、佐藤健二さんがかなり深く立ち入った言及をされました。これがエポック・メイキングになって、クダンが学術的な研究の対象となったのだろうと思います。ただ、それ以外ではその後の及川祥平さんの二つの考察を除いてそれほど積み重ねはありません。学術以外では、とり・みきさんの考察や東さんの調査がありますが、学問の世界では社会学のうわさ・流言・デマなどの研究で触れられる程度です。

私自身は、東さんやとり・みきさんの影響下で、学問というよりも、いったいこれはなんだろうという好奇心を原動力にしていまして、クダン文化の全体が興味深い。何かをやるたびにその周辺を勉強するということを繰り返して、続けているところです。

東　まあ、妖怪を研究するとなると、多かれ少なかれ、そういうやり方でやることになるだろうという気がします。そうやって笹方さんが追究していくなかで、SNSを使って、わかったこと、まだわからないことを逐次表明しているのは面白い取り組みです。インターネットを使うことで、いろいろな人から情報を集めて、ある種の集合知を形成するのはよいアイデアだと思っています。

私が『幻想文学』でクダンを特集した時は、まず佐藤健二さんに連絡を取って、そもそもクダンとはどういうものか、お話をうかがいました（「くだんのイコノロジー」）。いろいろな人にアプローチできるのが雑誌のよいところですからね。とり・みきさんにも論考「私はなぜくだんに惹かれるのか？」と作品の復刻「パシパエーの宴」を寄せていただきました。

笹方　クダンが雑誌の特集テーマに取り上げられたのは『幻想文学』が初めてではないでしょうか。画期的な特集だと思います。

東　ありがとうございます。クダンだけで、これだけの記事を集められたのは、専門誌ならではのことだろうと思います。後にも先にも、こういうことを本気で企画する物好きな人がいなかった（笑）。

笹方　当時の、クダンのすべてが詰まっているという感じがします。

東　クダンについて何か言っている人には、できるだけ声をおかけしようという方針で編集しましたから。それは『幻想文学』では、いつものことではありますが。

●――クダン伝説の起源について

東　『幻想文学』や『ムー』でクダン特集を組んだ世紀末のときには「クダン狩り」と称して、クダンを追いかけていましたが、クダンとは何かは最終的にはよくわかりませんでしたね。漠然とした話で恐縮ですが。伝承的な世界では、牛は水の神さまだという話がアジア規模で広がっていまして、雨乞いの儀式とどこかで関わりがあるような気がしています。クダンのグロテスクな死に方を見ていても、生贄の祭祀がなにがしか反映されているのかなと感じます。水辺で牛の首を切り落として、それを湖に投げ入れて雨乞いを行なう儀式があったとされていますが、それでは池の底をさらって、はたして牛の頭骨が出てくるかどうか、というところなんですがね……。

小松左京「牛の首」の話のもとになっているのは、土地の伝承の話で、Fという山のふもとのある池で牛を生贄にした祭祀が実際に行なわれていたという話があるのですが、それも追いかけていくと、最終的には真偽のほどはよくわからないということになってしまう……そこから先はフィクションの領域の話だなということは多々ありますね。

笹方　いま、クダン研究史を辿りなおしているのですが、そもそも明治期には、なぜこうしたものが語られるのか、クダンの素性や由来について興味の対象となっているにもかかわらず、まったくわからない。そのもやもやした感じが明治・大正期の研究者による事例紹介のなかにも感じられます。結局、近世のクダンについて、どこまで史料を把握できるかにポイントがあるかなと思います。

この数年、クダンと直接関係しないところで、たまたまクダンについて触れられているようなものが近世史料の中にいくつか見つかっています。香川（雅信）さんの展示に含まれていた加賀藩の料理人・舟木伝内の話、これは享保十二年（一七二五）成立のものですが、その中にクダンが取り上げられています。今知られている範囲ではこれがいちばん古い話です。それ以前では、時代は不明ですが、「簠簋《ほき》抄」に漢字の「件」（ケン）として出てきます。これは異類の会や東アジア怪異学会が東京で開かれたときに、中野瑛介さんがご発表されていた話です。これが最も古いのですが、この「件」がどこまで今知られているクダンに結びつくのかわかりません。基本的な性格は今のクダンに近いもので、まったく無関係ではないだろうと、これもクダンのヴァリエーションの一つだろうと思います。

●――クダンはかわいい？　グロい？

東　水木しげるに有名なクダンの絵がありますよね。生まれたばかりのクダンが、仔牛のように描かれています。この絵は見ようによってはどことなくかわいいところがあります（笑）。二〇二〇年、コロナ禍をきっかけとしてアマビエが話題になってから、妖怪をキャラクターとして愛でることがポイントになりました。それによってアマビエは世間にひろまったわけですが、それではクダンはどうでしょうか。いちおう「予言獣」という同じ括りで紹介されていますが。現在、アマビエほど知名度が上がったかというと……どうもそうではないようですね。

笹方　私の場合、クダンに限らず妖怪全般に対してそうですが、キャラクターとして、かわいいとか、怖いという目で見ることはほぼありません。ですから私は常日頃クダンのぬいぐるみを抱いて愛でているわけではないのです。他方で、興味の対象としてはとても興味深いものです。クダンの絵を見たら、それを描いた人はどんな人だったのか、クダンの話をした人はどういう人なのか、というように、クダンそのものよりもその周辺が気になります。

東　私は『幻想文学』から『ムー』へと、一九九九年から二〇〇〇年にかけての世紀末のただなかで、たまたまクダンを取り上げた。だから、私もかわいいからとかグロテスクだからとか、そういう関心から取り上げたわけではなかったのですが、クダンが関係すると、八雲にしても百閒にしても小松左京にしても、名だたる文豪たちが変なことを書くんですね（笑）。そこが面白いなあと思っています。

笹方　最近ではクダンは凶事というか、何かの大異変が起こるときに現れる存在だとされていますから、あまり愛されるキャラクターではないのです。

東　まさに凶事の予言、特に戦争に対する警告をするのがクダンですね。そこで予言獣というとらえ方が出てきてポピュラーになりました。クダンは見た目にも怪しいものがありまして、作家の妄想をかきたてるような異化作用があるのでしょう。田中啓文さんの長篇伝奇小説『件——もの言う牛』（講談社文庫）、あの中のクダンはグロテスクな化物として描かれていて、その予言能力をめぐって秘密結社的なものが背後で動いていると設定しています。いわゆる伝奇的な物語を、クダンを中心に組み立てていこうとする場合、それは小説家としては正しい判断だろうと思います。クダンは誕生するや、すぐに予言を述べて死んでしまうと考えられていますが、それだけでは物足りないのでしょうね。

田中啓文『件——もの言う牛』
（講談社文庫）

峰守ひろかず『絶対城先輩の妖怪学講座十』（メディアワークス文庫）

城平京『虚構推理』（講談社タイガ）

笹方　とり・みきさんの『パシパエーの宴』もそうですが、秘密結社とか国家的陰謀とか、クダンの能力を手に入れようとする組織を設定する、そういう流れがあります。宗田理『人牛殺人伝説』（角川文庫）は、バイオテクノロジーの研究材料として、クダンを人工的につくろうとする話です。最近では、峰守ひろかず『絶対城先輩の妖怪学講座十』（メディアワークス文庫）でも、クダンの予言能力が謎の組織「白澤」に狙われます。城平京『虚構推理』（講談社文庫）では、方向は違いますが、やはりクダンの能力を取り入れた人物が登場します。クダンの能力を利用しようという話が最近増えているように思います。

●——内田百閒『件』と見世物小屋

東　クダンは物語の中心になるのですから、文学的な想像力の触媒となりうる妖怪なのでしょうね。

一方で、内田百閒の『件』には秘密結社も国家的陰謀も出てきません。百閒の『件』は、彼が実際に郷里・岡山の見世物小屋で、クダンと出会った経験が反映されているのではないかと私は想像しています。

百閒の育った岡山市の中心部を流れる百間川、内田百閒のペンネームの由来となった川ですが、その河原にはいかにも見世物小屋を建てて興行するにふさわしいような場所があります。実際そこで見世物や芝居が行なわれていたようです。百閒の『件』のなかにも、断片的にですが、いかにも見世物小屋の中でクダンを見ているような、「見世物小屋幻想」的な描写があります。百閒の作品は視点を逆転させて、クダンの側から見世

『冥途　内田百閒集成 3』
（ちくま文庫）
「件」「蜥蜴」などが収められている。

物に集まった人々を描くことによって文学になった。そういうことからいうと、いちばんリアルなクダンに接したのは少年のころの百閒ではないかなと思います。

その後、百閒は見世物小屋で熊と牛の戦いを見物する話『蜥蜴』を書いています。百閒独特の動物幻想ものがありますが、その一つのきっかけになったのが『件』ではないかなと思います。まあ、実証的史料に乏しいのが、致命的ですが……。

笹方　内田百閒『件』については、東さんのおっしゃるように、見世物のクダンを見た体験が反映されている作品なのだろうなと私も思います。クダンと見世物を結びつけたのは、種村季弘さんが「九段の怪談」のなかで、東京の九段の話と結びつけながら見世物が反映されているということを書いたのが最初かなと思います（『書物漫遊記』筑摩書房、一九七九年所収）。ただ、種村さんは、クダンという音から東京の地名・九段を想起し、九段には見世物が集まっていたからと連想をつなげています。東さんのように自覚的な形で百閒の『件』について書いているわけではないので、東さんのおっしゃっているところが的を射ていると思います。

●——小松左京『くだんのはは』と『牛の首』

東　小松左京の『くだんのはは』については、『新耳袋』の二人（木原浩勝・中山市朗）がずいぶん調べましたが、いろいろ謎めいたところがあります。

小松左京自身が『牛の首』という掌篇を書いています。これは「牛の首」という怪談があると言われていて、主人公がその実像を調べようと、人から人へと尋ね歩くのですが、結局、真相は明かされない、それが怖いのだという話になっています。語りえないというタブーについてのお話です。クダンにもどこか似たところがあります。

笹方　小松左京『くだんのはは』については、世間話研究に論文を書いておりまして、私の意見はほぼそれに尽きます（「戦時に件（クダン）を語る訳―戦時流言の一考察―」世間話研究会編『世間話研究会』第二十七号）。裕福な家庭の娘さんの話、という大きな流れが以前からあって、それを戦中・戦後に時代を移して取り込んだのが『くだんのはは』ではないか。クダンにかかわりそうな記事を新聞資料から拾っているときに、『くだんのはは』に近い話を見つけたのがきっかけでした。木原さんも中山さんも「牛女」というキーワードを追っていかれましたが、「牛女」ではなくて「牛娘」で展開すると意外といろいろな話が引っかかってきます。

●――クダンの特徴

東　作家の想像力はいろいろな方向に広がるわけですが、ただ、肝心のクダン自体は、我関せずというところがあるのではないか（笑）。瓦版的な、いつ・どこで・何を言った、という即物的な情報の羅列というかたちで伝えられている。それがクダンというものの特徴の一つだろうと思います。

笹方　いま、私が把握している範囲では、近世のクダンは「依って件の如し」という言葉どおり、クダンの言うことは間違いないということで、真正さの象徴のような扱いをしている資料が多く見られます。形態としては人面牛身ですが、いわゆる「予言獣」という性格はあまり見られません。神社姫の流行があった文政二年に、クダンも戦争を予言したという史料があります。この文政二年の史料が、予言獣としてのクダンのいちばん古い資料です。クダンとは本来、正直だとか、真正な言葉、正しい判断などの象徴であったものから、文政二年の神社姫の流行に影響されて、予言と結びついた。真正さと予言が結びついたことにより、クダンの予言は正しいとされるようになった、これが現在、把握されている資料から考えられるクダンの性格だろうと思います。

東　クダンと同一視されることもある「くたべ」というものがありますね。あれについてはどうですか。クダンとどちらが古いのか。

笹方　「くたべ」の瓦版は文政一〇年（一八二七）で、それまで知られていた「クダン」の瓦版よりも古いものです。そこで、くたべの瓦版より古いクダン情報はあるのか、ということが引っかかっていたところ、すでに一七〇〇年代には、クダンの見世物があったという史料が見つかりました。そうすると、クダンは古くは見世物として知られていて、その後、瓦版で広められていったのではないか（「クダンと見世物」）。ただ、その見世物がどういうものなのかはわかりません。なにかしら、クダンにかかわるような見世物があったのだろうとは推測しています。

●――クダンの剝製

東　見世物といえば、クダンの剝製と称するものが奇跡的に残っていて（木原浩勝氏所蔵）、今でも展覧会によく出ておりますね。その解剖図、あるいは設計図的なものも残っています。

本書にも収録しましたが、九州・別府温泉の剝製の資料がたまたま残っていたので、それを追いかけてみましたが、確かなことはよくわかりませんでした。ただ、はっきりとした証拠はないのですが、なにか怪物製造工場的なものがあって、見世物興業の人たちに展示物を供給していたような痕跡はあります。

そもそも、小泉八雲の書き残した、クダンの剝製を担いで歩いていたら、土地の神々の怒りにふれたというエピソードは、そういう話でした。そういうふうに、クダンの剝製を持って各地を歩いていた人たちは、実際にいただろうと思われます。別府温泉には、たまたまそれが奇跡的に残存していた。

実際に、見世物小屋の暗がりの中で、クダンの剝製を見た人たちの受けたインパクトは相当大きかっただろうと思われます。そして、そうした見世物興業で生計を立てていた人たちがどこかにいただろうというところまでは言えると思います。

笹方　見世物資料にはいろいろなパターンがあります。クダンも見世物興業の世界では人気の出し物になったため、単なる仔牛の剝製を見せるだけのものもあれば、人面の牛以外の、珍しい奇形の牛が見世物にされるということはありました。

例えば頭が二つある牛の剝製を、クダンだとして見世物にしたケースもあります。インチキネタも結構ありました。牛の横に人を立たせて、「これが件でござい」とやったりした（笑）。ベースは、人の顔に見える頭部をもって生まれた奇形の仔牛の剝製だったろうと思います。牛の死骸だということに禁忌があるのと、残っているクダンの剝製は虫に食われていたりして保存状態が悪い。木原さん所蔵の剝製（牛人間）は奇跡的に状態がいいけれども、モノとして残るのが難しいのがクダンの剝製です。状態が悪くなってくると燃えるゴミとして処分されてしまいます。そのため、なかなか現存しない。これは妖怪の剝製全般について言えることでしょうが。

●――クダンのタブー

東　実は私は、笹方さんが見世物の資料を渉猟していらっしゃるというのを聞いてずっと注目しておりましたので、非常に期待をしていたのですが、これだけいろいろ調べても、はっきりした資料がなかなか出てこないというのは、何かしらタブーがあるのではないかなと思います。
小泉八雲の書いたエピソードでも――クダンは汚れた、共同体の中に受け入れられないもの、神々の祟りを招くものとして描かれています。決して有難いものではない。奇形、フリークスという存在で、だからこそ、おもてだって語られなかったのではないかと感じています。別府温泉の地獄と呼ばれる施設の「怪物団」、鬼の骨、河童のミイラなどがありました。一種の怪物製造業者的なものが世の中の薄暗がりに存在していて、そういうものを人知れず作っていた。そういう作家的幻想にかられるところはあります。ただ、それを追究していこうとすると、微妙に、それは言わない方がよいものというところに突き当たるような感じはいたします。

笹方 確かにそれを突き詰めていくと、知りにくくなる話と、たとえ知ったところで発表しにくい話が出てきます。あまり触れてはいけない話だというような対応をされることはあります。そこで行き詰ってしまうということはあるのかなと思います。河童とかろくろ首の見世物は、河童ならある意味で滑稽な、おかしみのある話、ろくろ首なら色っぽい話がつきものですが、クダンはそういうものとは、世界が違うもののようです。

東 関西の皆さんは、(人権問題や人の気持ちに対する) センサーが自ずからはたらくのではないかと思いますね。そこは、研究を正面に押し立てたところで、やはりなかなか難しいところがあるでしょうね。

笹方　仮に知ることができたとしても、それを公表できるかというと難しい話はありますね。すべてを明らかにしてその全体像の中に適切に位置づけるのでもない限り、安易に触れてはいけない、そういう考え方が自分のなかにはあるかなと思います。

東　ですから、小説家が伝奇的な想像力の翼を広げて、秘密結社の陰謀を語る方がかえって罪がない（笑）。そちらは大いにやっていただきたいと思いますね。

（二〇二一年三月二〇日、オンラインにて開催）

〈対談者〉**笹方政紀**（ささかた・まさき）
東アジア恠異学会会員。論文に「クダンと見世物」（『怪異を媒介するもの』勉誠出版、二〇一五）、「新聞記事からみる怪異の形成――人面牛身の仔牛から「件（クダン）」へ」（『御影史学論集』四十二号、岩田書院、二〇一七）、「戦時に件（クダン）を語る訳――戦時流言に関する一考察」（『世間話研究』第二十七号、岩田書院、二〇一九）ほか多数。

初出一覧

第一部（いずれも本書掲載にあたり加除修正を加えた。）

第一章　すべての怪談は不幸の手紙から始まる！
　別冊宝島二六八号『怖い話の本』宝島社、一九九六年七月一四日所収

第二章　牛の首文学論序説――くだんは祟るか？
　季刊『幻想文学』第五十六号、幻想文学企画室企画編集、アトリエＯＣＴＡ発行、一九九九年一〇月所収。

第三章　未来を予言する怪物、件を追う
　「第九章　未来を予言する怪物、件を追う」『日本怪奇幻想紀行　一之巻　妖怪／百鬼巡り』同朋舎・発行／角川書店・発売、二〇〇〇年所収。

第四章　件の地獄
　高瀬美恵編集『噂のくだんちゃん』（同人誌）、二〇〇〇年一二月所収。

第五章　妖獣クダンを追え！
　『妖怪伝説奇聞』学習研究社、二〇〇五年五月所収。

第二部

内田百閒「件」

底本＝「件」『内田百閒集成3　冥途』ちくま文庫、二〇〇二年所収。

小松左京「くだんのはは」

底本＝「くだんのはは」『小松左京全集完全版　14巻　日本漂流・神への長い道』城西国際大学出版会、二〇〇九年所収。

第三部

語り下ろし。

あとがき

私が〈クダン〉と呼ばれる得体の知れない幻獣に関心を抱いたのは、もっぱら一九九六年から二〇〇〇年にかけての数年間だった。

今にして思えば、この時期は、私個人にとっても、幻想文学から怪談文芸へ——という、大きな展開期であり、そうした流れの中で、岩井志麻子やら『リング』やら新耳袋やら別冊宝島の怪奇特集やらムーの日本伝説紀行やら……といった諸々の集合体として、〈クダン〉への関心が生じたような、気がする。

そして、その関心は、いつしか〈怪談文芸〉へと収斂し、二〇〇四年の雑誌『幽』創刊へと繋がるのだった（『幽』での怪談紀行は、加門七海さんとの共著『ぼくらは怪談巡礼団』にまとめられているので、御参照いただけたら幸いである）。

その当時、各媒体に書き散らしたクダン関連の文章を、一冊にまとめたのが、本書ということになる。

単行本刊行の直接の契機は、申すまでもなく、ここ数年のコロナ禍と、それによって時ならぬ盛り上がりを見せた〈予言獣〉への関心の高まりだろう。

まさか雑誌発表から二十年近く経って、かくも〈クダン〉への関心が再燃するとは、私自身まったく予期しておらず、いちはやくお声がけくださった、その名も〈白澤社〉の坂本信弘さんには御礼の言葉もない。また、お忙しいなか、巻末収録の特別対談にお付き合いいただいた笹方政紀さんにも、心からの御礼を申し上げる次第である。

二十年前、〈クダン〉狩りのよきパートナーとなっていただいた、学研『ムー』編集部の獅子王こと編集者・宍戸宏隆さんと、学研写真部の杉本保夫カメラマンにも、衷心よりの感謝を捧げたい。本書に素敵なカバー絵を御提供いただいたクダン画家・箕輪千絵子さんにも！

経過報告のリポートめいた本書が、新たなる〈クダン〉狩りへの、ささやかなプロローグとなってくれることを、今はただ、願うばかりである。

二〇二一年九月五日

東雅夫

編著者紹介

東雅夫（ひがし まさお）

1958年神奈川県生まれ。早稲田大学卒。アンソロジスト、文芸評論家。1982年より『幻想文学』編集長、怪談専門誌『幽』編集長を歴任。主な著書に、日本推理作家協会賞を受賞した『遠野物語と怪談の時代』（角川選書）、『百物語の怪談史』（角川ソフィア文庫）、『クトゥルー神話大事典』（新紀元社）ほか、編纂書に『おばけずき　鏡花怪異小品集』（平凡社ライブラリー）、『文豪怪談ライバルズ！』（ちくま文庫）ほか多数がある。

クダン狩《が》り――予言獣《よげんじゅう》の影《かげ》を追《お》いかけて

2021年12月25日　第一版第一刷発行

編著者　東 雅夫

発　行　有限会社 白澤社《はくたくしゃ》

〒112-0014　東京都文京区関口1-29-6　松崎ビル2F

電話 03-5155-2615／FAX03-5155-2616／E-mail：hakutaku@nifty.com

発　売　株式会社 現代書館

〒102-0072　東京都千代田区飯田橋3-2-5

電話　03-3221-1321㈹／FAX　03-3262-5906

装　幀　装丁屋 KICHIBE

印　刷　モリモト印刷株式会社

用　紙　株式会社市瀬

製　本　鶴亀製本株式会社